Centro de Luz

Histórias de Aprendizagem Contínua, Cuidado Amoroso e Simplicidade

ZELITA VERZOLA (ORG.)

PREFÁCIO DE SÔNIA CAFÉ

CENTRO DE LUZ

HISTÓRIAS DE APRENDIZAGEM CONTÍNUA,
CUIDADO AMOROSO E SIMPLICIDADE

EDITORA PENSAMENTO
São Paulo

Capa: Neide Innecco.

O primeiro número à esquerda indica a edição, ou reedição, desta obra. A primeira dezena à direita indica o ano em que esta edição, ou reedição, foi publicada.

Edição	Ano
1-2-3-4-5-6-7-8-9	99-00-01-02-03-04

EDITORA PENSAMENTO LTDA.
Rua Dr. Mário Vicente, 374 — 04270-000 — São Paulo, SP
Fone: 272-1399 — Fax: 272-4770
E-mail: pensamento@snet.com.br
http://www.pensamento-cultrix.com.br

Impresso em nossas oficinas gráficas.

DEDICATÓRIA

Ao Anjo do Humor
Ao Anjo de Nazaré

SUMÁRIO

PREFÁCIO

Há muito ouço falar da existência de Centros Espirituais na Terra. Esses centros se expressam através de sua identidade singular e estão a serviço do despertar espiritual do ser humano neste planeta.

No momento em que vivemos, não podemos deixar de perceber as profundas e aceleradas transformações pelas quais passa o planeta Terra e reconhecemos a necessidade de que esses centros estejam em plena atividade. Centros de Luz, portanto, são espaços facilitadores do despertar da humanidade para uma nova dimensão de consciência e vida.

Cada pessoa que desperta faz com que, no corpo total da humanidade, acenda-se e irradie a *Luz da Alma*, criando uma rede luminosa, tecida com fibras de Amor. É isso que faz vibrar e elevar a qualidade de vida de todos os que compartilham deste mundo "lar Terra".

O Centro de Vivências Nazaré tem procurado cumprir o seu papel de facilitar esse despertar espiritual na simplicidade de seus ritmos, no exercício do serviço amoroso dos muitos que têm participado de sua vida, e na abertura para aprender e se transformar continuamente.

Este livro, que Zelita Verzola graciosamente organizou com as partilhas das pessoas que vivenciam Nazaré em suas Almas, revela de modo singelo e verdadeiro o resultado de sementes de consciência que caíram em solo fértil, e nos faz agora receber, agradecidos, essa colheita plena de significado.

Sônia Café
Dezembro de 1997

INTRODUÇÃO

Este é um livro para se ler com o "olho da simplicidade". Tentar fazê-lo apenas intelectualmente será, certamente, uma batalha inglória.

Ele fala do contato com o nosso Centro Divino. E de um facilitador desse processo: o Centro de Vivências Nazaré.

Nazaré é um Centro de Luz. É "aprendizagem contínua, cuidado amoroso, simplicidade".

Em circunstâncias assim é que encontramos, ou reencontramos, a Semente do nosso Ser. E a partir daí, nossa jornada rumo ao autoconhecimento e à auto-realização vivifica-se.

Nos ritmos de Nazaré há espaços para partilhar as experiências lá vividas. Partilhas amorosas e responsáveis trazem apoio e leveza ao nosso Caminho.

Há algum tempo surgiu a idéia das partilhas escritas.

E assim nasceu este livro. Do transbordamento da alma, que é fraterna por excelência.

Possa o caro leitor recebê-lo na paz do seu verdadeiro Ser, o seu Eu Superior.

Zelita Verzola
Setembro de 1999

Cada um de nós é um microcosmo: Luz
na essência, diversidade na existência.
É o que nos mostram os textos
que se seguem.
Apesar do colorido peculiar
de cada um, a Luz é sempre
a mesma: a que transforma ao ser contactada.
Mesmo que esse contato seja apenas
de um instante, a transmutação acontece.
No instante seguinte, somos mais nós mesmos,
mais "Um com o Cosmos".
E, portanto, mais felizes, mais fraternos.
Almejamos que estas partilhas o tornem partícipe
desta nossa aventura interior.

L U Z

PORTAL

Nazaré é um portal. Ao atravessá-lo, ficamos diante da dimensão na qual os milagres da Luz e do Amor são o aspecto normal da vida.

Fui a Nazaré, pela primeira vez, em 1989.

No final do ano anterior, durante uma aula de redação, houve um momento especial: os alunos narravam seus sonhos, e uma moça, Maria Aparecida, pediu para ler o sonho que tivera comigo.

No seu sonho, eu atravessava um portal verde e entrava num lugar de paz. O local, também com muito verde e muitas flores, tinha em destaque rosas brancas.

Minha aluna, então, continuou a narrativa. Sua mãe, espiritualista, dissera que o sonho representava o encerramento de uma conjuntura kármica na minha vida e que eu, agora, entraria num outro ponto da evolução, em um "lugar de Luz".

Em janeiro, ao chegar a Nazaré, o que vejo? A porteira verde!! E mais: o lugar de paz, o verde, as flores!...

Estupefata, fui constatando que a dimensão de Luz do sonho estava presente em cada momento que eu ali vivia. Cada tarefa era um aprendizado.

Em uma das tarefas, pediram-me para levar flores ao templo. Eram rosas brancas!... E elas me diziam, sem hesitação, que eu atravessara o portal.

Então, os "milagres" que eu algumas vezes vira acontecer na minha vida, chamando-os de coincidências ou não percebendo seu real significado, passaram a fazer parte do meu Ser e do meu viver.

E foram e têm sido tantas as bênçãos e transformações que, ao pensar em qual inicialmente partilhar, eu não conseguia me decidir. Foi então que, com imensa ternura e profunda gratidão, me vi novamente diante do portal...

Zelita

APRENDIZADO

Nazaré, para mim, sempre significou integração, conscientização sobre a unidade universal. União com todos os seres da natureza, a oportunidade de descobrir caminhos alternativos para existir em harmonia.

O ritmo e a disciplina presentes em Nazaré concentram e direcionam as energias dispersas, facilitando a ascensão espiritual dos seres. Aqui, as almas são invadidas pela Luz, encontram-se, encantam-se, contam e cantam experiências.

No "Viver em grupo", a alegria da partilha e da fraternidade me marcaram; em "Dança e meditação", dancei com a vida a alegria de existir; e em "Pontes de Luz", um passo foi dado no caminho da autodescoberta.

Neste local, descobri minhas potencialidades e vislumbrei a maravilhosa gama de possibilidades que a vida nos oferece. Aqui, aprendi que a vida é uma viagem ao infinito de si mesmo.

José Antônio

SONHO. SONHO?

Foi em julho de 1988 a minha primeira vivência em Nazaré. Ali, uma noite no meu quarto, após fazer minha oração de agradecimento por mais um dia tão lindo e tão feliz, adormeci e tive um SONHO.

Vi-me adormecida num quarto que não era bem aquele em que eu me encontrava fisicamente. No sonho, fui despertada por um movimento, pela sensação de alguma presença. Assustei-me um pouco e, ao levantar a cabeça e o tronco, apoiando-me nos cotovelos, percebi, aos pés de minha cama, a presença de três Seres muito luminosos. Tinham corpos aparentemente humanos, mas de uma matéria muito fluida, meio transparente, pura Luz.

Um desses Seres aproximou-se mais, dizendo-me que ficasse calma, que eram amigos e que tinham vindo "fazer em mim o terceiro olho". Eu me senti tranqüila e voltei a deitar-me. Ele se aproximou mais, tocou o centro da minha testa e tudo se transformou em pura LUZ!

Despertei na manhã seguinte com uma sensação de leveza, alegria e profunda GRATIDÃO.

E a partir daí, despertei também para novos níveis de consciência. Uma nova abertura se fez em minha vida, trazendo muitas e muitas bênçãos.

Lia

INSIGHTS NA HORTA

Ao trabalhar em hospitais públicos, ainda como aluna do curso de Medicina, deparei, não poucas vezes, com a pobreza e a falta de condições necessárias para atender a todas as pessoas que buscavam socorro.

Recordo-me de noites em que estava de plantão e já não havia mais leitos para os doentes que continuavam a chegar ao hospital. Era comum termos vários pacientes precisando ser operados e não termos salas cirúrgicas e nem material e equipe suficientes para atender a todos.

Tínhamos então que escolher entre os doentes, muitas vezes graves, aqueles que teriam mais chances de sobreviver, se operados. Esse processo, de escolher a quem prestar socorro, deixava-me (e ainda me deixa) angustiada; assim como o contato com os familiares dos doentes.

Numa vivência em Nazaré, fui realizar um trabalho na horta, e a tarefa que me foi designada era a de separar os pés de gergelim viáveis dos não viáveis... Em uma mesma cova, podíamos ter dois ou mais pés viçosos, mas apenas um deveria permanecer, para poder crescer e se desenvolver bem.

Novamente, deparei com a situação de ter que escolher o mais viável, aquele com mais chance de sobreviver. Foi com muita dor que completei a tarefa.

Refleti então que, até na natureza, muitas vezes temos escolhas difíceis e que, no entanto, devem ser feitas. E que uma delas é essa: a escolha de se deixar viver aquele que tem maiores chances de crescer, de evoluir, de continuar a espécie.

Refleti também que, mesmo dentro de nós, precisamos freqüentemente arrancar coisas que, embora queridas e "viçosas", estão impedindo o nosso crescimento. Temos que fazer nossas escolhas, por vezes dolorosas, porém necessárias, em benefício da continuidade do nosso SER e da nossa evolução.

Apesar de tudo, porém, não deixo de sonhar e de me engajar no processo de reivindicação política, para melhorar as condições de atendimento dos nossos hospitais. Penso que esse é um processo no qual todos nós, como sociedade, devemos nos engajar, cada vez com mais consciência. E, nesse sentido, sou grata a Nazaré, que tem colaborado para o meu processo de conscientização e compreensão da vida como um todo.

Vera

O SENTIDO DO OLFATO E A VISUALIZAÇÃO

Numa partilha de sábado à tarde, o peruano Cesar focalizou uma vivência que o remetia à sua infância nos Andes.

Contou-nos que, nos fins de semana, seu pai o levava para passeios, nas montanhas, e lhe recomendava que ficasse em silêncio para apurar todos os sentidos e poder apreciar a beleza do lugar. Falava também que era possível ver com o nariz, ou seja, visualizar a essência das plantas com o olfato, a partir de seu perfume.

Depois dessa pequena introdução, fizemos uma meditação de cerca de 20 minutos. Então, mantendo os olhos fechados e completo silêncio, ficamos aguardando que Cesar se aproximasse de cada um dos integrantes do grupo com uma erva que desconhecíamos naquele momento. A erva que fora esfregada levemente nas mãos de Cesar era colocada próxima ao nosso nariz, permitindo que pudéssemos aspirar-lhe o perfume.

Pude assim identificá-la como arruda e, ao manter um estado de abertura interior, visualizei um Ser de Luz esplendoroso. Era todo de luz dourada e empunhava uma espada na mão direita. Suas vestes esvoaçantes, também douradas, eram translúcidas, bem como suas asas.

Essa visualização foi a experiência mais vívida que tive até hoje, pois embora a visualização tenha sido induzida, havia o desconhecimento do que poderia vir a ocorrer.

A partir dessa vivência, tive a confirmação de que outras dimensões e planos mais sutis realmente existem. Percebê-los é uma questão de aquietar a mente e apurar os sentidos, de modo a entrar em sintonia com o Universo. E, então, aprender com eles.

Mário

O SILÊNCIO NO BOSQUE

Durante minha permanência de um mês em Nazaré, participei da vivência do SILÊNCIO.

Nessa ocasião, resolvi caminhar pelo bosque numa tarde ensolarada. Escolhi um lugar entre as árvores e sentei-me numa esteirinha, observando o silêncio, naquela paz maravilhosa.

Decorrido pouco tempo, fui percebendo uma trama feita por todas as árvores, arbustos e cipós, de cor negra, toda em camadas; infinitos planos entremeados, com diferenciação entre si pela cor cinza luminosa.

Observei ordem e silêncio. Percebi a beleza e a harmonia do entrelaçamento de planos. Indescritível a sensação de aprender sinteticamente mais uma importante lição: é da trama harmoniosa dos vários planos de nossa vida que surge a Luz.

Carminha

NAZARÉ AQUI NO MEU QUINTAL

Algumas coisas marcantes aconteceram-me quando estive em Nazaré pela primeira vez. Algo no ar, no aroma. Poder perceber as plantas, o vento, as luzes. Ouvir sons e ruídos, que até então eu não tinha ouvido, brotando do silêncio. Observar os meus próprios olhos e seu brilho refletido no espelhinho do quarto. Estar só. Fui me deliciando com essas percepções simples e grandiosas.

Durante a partilha, relatei o que sentia: aquela paz e harmonia que eu desfrutava e o lamento, pois pensava na volta à vida normal. Naquela ocasião, eu trabalhava como escriturária numa agência bancária, com dois telefones na minha mesa. E eu, muitas vezes, atendia um cliente enquanto outro esperava ansioso. Colegas fumavam ao meu lado e a minha respiração ficava cada vez mais alterada.

Depois de ouvir esses comentários, uma pessoa disse, simplesmente, que a partir do momento que eu me modificasse, não ficaria mais naquele ambiente. Disse que, enquanto eu estivesse identificada com tudo aquilo, ali eu ficaria. "Harmonize-se interiormente e tudo a sua volta terá outra cor."

De volta à rotina, fui observando coisas que nunca havia notado, até mesmo na minha própria casa! Tornei-me mais contemplativa: não é que eu possuía uma varanda no quintal, bastante agradável? As plantas nos vasos estavam verdes; algumas estavam floridas, e eu nem percebera. Em alguns horários, chegavam até ali os raios do sol, agradabilíssimos. Dali podia-se ver o céu azul...

O silêncio existia ali também. Eu podia suspirar, abrir os braços e sentir uma alegria profunda. Tantos anos e até então tudo isso passara despercebido.

E assim tem sido cada vez que passo em Nazaré: uma frase dita, um olhar trocado, uma abertura à percepção, tudo me ajuda a "seguir em frente", com olhos e ouvidos mais atentos e o coração mais leve.

Célia

SONHOS E PERCEPÇÕES

5

Meu primeiro sonho em Nazaré foi revelador.

Sonhei que estava em minha casa com meus familiares, quando encontrei uma escada estreita, que levava a um sótão. Só eu sabia dessa escada e desse sótão.

Subi a escada e deparei com uma grande sala em L.

A sala tinha paredes forradas por belos e imensos quadros a óleo, muito antigos; retratos de nobres, com molduras largas e douradas. A um canto, belas estátuas e bustos, em ouro e prata, de personagens famosos e de santos.

No centro da sala, havia uma pilha, de mais ou menos um metro de altura, de tapetes orientais imensos. Tudo muito lindo e precioso, mas coberto de pó, muito pó. Duas grandes e altas janelas deixavam passar os raios do sol.

Percebi, por esse sonho, que eu precisava urgentemente fazer uma limpeza no meu conceito de religião; nele havia muita coisa bonita e preciosa, mas que precisava ser atualizada, limpa, esterilizada. Cresci.

Mais ou menos um ano depois do sonho da escada, tive outro sonho bastante significativo, também em Nazaré.

Sonhei com uma linda casa térrea, toda branquinha, com portas largas em arco, totalmente abertas; janelas também abertas, lindas samambaias compridas e verdinhas, e muitas pessoas amigas circulando.

Era minha casa; meu marido e meus filhos também estavam lá. Havia poucos móveis, mas estavam empilhados no meio da sala, inclusive o fogão.

Então, andando pela sala e sorrindo para as pessoas, encontrei novamente aquela escada só minha e subi. Lá estava a sala em L, mas, dessa vez, limpinha, sem um quadro ou estátua, sem tapetes e sem pó. O assoalho era como novo e as janelas bem abertas deixavam entrar os alegres raios do sol.

Só havia um porém: num dos cantos havia uma escada (não aquela que eu havia subido) que dava para a casa do vizinho. Apesar de a porta, no fim da escada, estar trancada, eu fiquei perturbada e com receio de que esse vizinho invadisse a minha sala.

Então, coloquei sobre a abertura uma treliça de madeira bem pregada.

Mensagem: A minha parte espiritual já está sendo trabalhada, já há luz; mas preciso trabalhar meus medos e bloqueios.

Lourdes

MINHA TRIBO

Sempre morei no interior do Estado de São Paulo, na cidade de Penápolis.

Quando eu tinha treze anos, escrevi um artigo para mim mesmo, relatando minha descoberta: "Está tudo errado." Eu tinha tido esta percepção na adolescência: a de que o modo de vida da humanidade, hoje, não levava a nada de real valor.

Fui criado no ateísmo, mas descobri a existência do Grande Pai aos dezoito anos.

Na década de 80, tive vontade de aquietar-me e refletir sobre o meu ser e o meu viver. Percebi que me sentia só, sentia a falta de amigos com quem partilhar minhas novas idéias de uma sociedade alternativa. Tornei-me vegetariano nessa época.

Nas minhas reflexões, eu conversava com o Grande Pai e pedia que me mostrasse somente a Verdade, livre de ilusões e apegos. E tentei me encontrar em várias religiões, sem conseguir.

Certo dia, comecei a pedir por amigos e, num momento de intuição, vi várias pessoas, sentadas em círculo, em posição de meditação, observando-me! Eu perguntava: "Quem são vocês?" Elas apenas emitiam muita Paz, muito Amor, mas não se identificavam. Depois desse contato, senti que o meu desejo de ter amigos para partilhar estava satisfeito.

Essa imagem continuou a surgir na meditação e, um dia, de tanto eu perguntar, eles me mandaram uma mensagem: "Não se preocupe em saber quem somos. Quando chegar o tempo, você nos conhecerá."

O tempo passou e eu me esqueci de tudo isso. Em 1992, uma tia que morava em Bauru, e com quem eu compartilhava minhas idéias, conheceu um rapaz que fazia curas com florais. E comentou com ele a minha necessidade de conhecer pessoas com os mesmos ideais. Ele indicou Nazaré...

Ao chegar a Nazaré pela primeira vez, no momento em que entrei na sala de meditação, tive uma grande revelação: É este o lugar que eu vi dez anos atrás! "Aquela era a 'minha tribo'", e uma sensação muito forte de realidade dominou-me.

Aquele era o lugar que eu sempre procurara: livre de gurus, de rituais, de "não pode". Somente a prática do amor e do trabalho. Cada um evoluindo no seu ritmo, mas todos juntos, em cooperação.

Mesmo morando a 530 km de Nazaré, tenho estado lá três ou quatro vezes por ano, e minha vida mudou. Hoje, consigo compreender melhor a minha realidade e tenho mais paciência para viver neste mundo aqui fora, cheio de desafios a todo instante.

No início, tive muita vontade de me mudar para lá. Porém, depois de participar de várias vivências e partilhas, e de uma conversa com Sara Marriott, entendi que Nazaré não é necessariamente um lugar físico, mas uma proposta de vida harmoniosa, que deve ser levada dentro do nosso coração e propagada no ambiente onde vivemos.

Hoje faço com alegria esse trabalho.

Neuman

ACONSELHAMENTO ATRAVÉS DO SONHO

Os meus sonhos, em Nazaré, indicam-me amorosamente o caminho da Luz.

Numa das vezes que lá estive, sonhei que precisava atravessar uma larga avenida, que estava em obras. Os operários haviam cavado um buraco imenso em toda a sua extensão.

Do lugar onde eu estava saía uma estreita ponte de cordas e tabuinhas, mas além de eu ter medo de pontes móveis, aquela ainda estava com as cordas e as tabuinhas apodrecidas. Senti que ela não agüentaria o meu peso. E eu ainda estava com uma criancinha no colo!

Enquanto eu tentava decidir o que fazer, uma garota com um megafone gritava, para as pessoas que quisessem atravessar para o outro lado da avenida, que mais à frente havia um lugar onde a travessia seria mais fácil e segura.

Olhei bem para a pontezinha de cordas e resolvi ir pelo caminho indicado pela moça. Com outras pessoas, caminhei uns cem metros. Encontrei uma passagem onde haviam colocado, sobre a lama preta da escavação, umas lajotas brancas por onde pude atravessar tranqüilamente.

Ao acordar, decodifiquei o sonho. Entendi que aquela pontezinha frágil e desgastada representava os meus conceitos religiosos, que já não poderiam me dar apoio e segurança para atravessar estes tempos e as mudanças pelas quais o mundo está passando. Eu precisava me decidir a procurar outro caminho, no qual eu pudesse me sentir confiante e firme.

Lourdes

CONEXÃO

A idéia de relatar uma vivência em Nazaré é um verdadeiro desafio. Tenho algumas limitações quanto ao uso correto das palavras, bem como uma certa "preguiça" mental. O fato de saber que, de certa forma, eu poderia estar contribuindo com o maravilhoso projeto que é a publicação deste livro fez-me encarar o desafio.

Devo muito a Nazaré. E à minha amiga Sônia. Foi através dela que tive o meu primeiro contato com o Centro. Até então, minha vida era um barco sem condutor. Foi então que Nazaré entrou na minha história de vida.

No primeiro momento, veio a sensação de deslumbramento. Fiquei completamente encantada! Sônia já havia falado sobre o local, sobre a meditação e o ritmo, mas o contato e a descoberta foram além da imaginação. Uma perfeita sintonia entre Natureza/homem/alma!

Voltei para casa completamente "zen" e sem saber ao certo o que estava acontecendo comigo. Não sabia também que todo aquele processo de descoberta iria transformar a minha visão de mundo, de vida, de ser, de grupo. Enfim, as experiências ali vivenciadas desencadearam um verdadeiro processo de autoconhecimento.

Na primeira vez, fui para participar da vivência por três dias; na segunda, por uma semana; na terceira, por quinze dias; na quarta, fui para ficar um mês. Agora, Nazaré faz parte da minha vida.

Quero relatar minha chegada ao Centro, para a vivência de um mês. Dizem que ir a Nazaré é sempre como se fosse a primeira vez. E como é verdade! Nazaré é uma caixinha de surpresas que não pode ser aberta às pressas. É preciso ter o dom do desprendimento, da paciência e disposição para aprender. Somente assim podemos perceber, através do próprio ritmo do local, a fluência da Energia Divina.

Na bagagem, desta vez, levei caderno e caneta para anotações, e confesso que consegui progredir: anotei tudo no meu diário... até o oitavo dia.

A chegada ao Centro foi marcada por um profundo sentimento de bem-estar e pela bênção de me sentir amorosamente acolhida.

Ao entrar no quarto que me era destinado, fiquei por alguns momentos em silêncio e peguei o envelope para ver qual o anjo que me acompanharia naquele período de um mês: o Anjo da Fé! Li: "A Fé é uma atitude que se revela no gesto de nos abrirmos para a sabedoria e para o amor da nossa Alma..."

À tarde, fiquei responsável pela focalização da Sala de Estudos. Sozinha naquele espaço, sintonizei-me com o meu Anjo da Fé: "Quando caminhamos na fé, o universo nos apóia, e descobrimos a força interior que remove barreiras..." Resolvi, então, abrir o livro *Meditando com os Anjos** para que mais um anjo estivesse comigo naquela tarefa: o Anjo do Perdão! E a sua mensagem: "Uma forte sensação de liberdade surge quando abrimos nosso coração para o perdão..." Pronto! A conexão fora feita!

Trabalhei, questionei e meditei enquanto organizava a sala. Quantas coisas estavam ali comigo presentes naquele momento! O espaço foi apenas um meio, um facilitador. Saí de lá mais leve, consciente da importância da Fé e do Perdão na minha vida e, especialmente, para aquela estada em Nazaré.

---

* Publicado pela Editora Pensamento, São Paulo, 1991.

Todo o período foi marcado pela presença e ajuda dos "meus" dois anjos, que ainda hoje continuam comigo, ajudando-me a caminhar na Luz.

Maria Lúcia

NAZARÉ, FONTE DE INSPIRAÇÃO[5]

"Eu, enquanto homem, não existo somente como criatura individual, mas me descubro membro de uma grande comunidade humana."

Albert Einstein

Trabalho na Rede Etheros — Desenvolvimento Humano e Social — e tomei conhecimento da existência do Centro de Vivências Nazaré durante a I Clínica de Jogos Cooperativos, realizada em junho de 1995, na USP.

Quem me falou a respeito foi uma moça residente em Salvador e eu achei interessante que ela estivesse divulgando um trabalho que era feito no interior de São Paulo.

Em janeiro de 1996, participei da primeira vivência, o "Viver em Grupo", e pude constatar o clima de magia em que Nazaré está envolto. Tive uma noção de vida comunitária muito forte. Foi como se, de repente, eu me encontrasse em um pedacinho especial do mundo, onde as pessoas eram estimuladas a ver a si mesmas e as suas atividades como partes integrantes de uma dimensão maior e mais elevada.

Alguns fatos me chamaram muito a atenção. Por exemplo:

As pessoas que participavam da vivência eram, em geral, imbuídas de uma energia amorosa e de um espírito de colaboração muito acentuados.

Os "veteranos" demonstravam a maior solicitude em orientar e sanar as dúvidas dos que estavam vindo pela primeira vez.

As refeições eram compartilhadas, assim como as experiências e as tarefas.

As atividades domésticas não eram vistas como encargos, e sim como algo necessário e digno de ser feito com carinho. Dessa forma, sob um sol de verão, estávamos nós, de chapéu de palha, carpindo o mato na horta, cantarolando, cientes do nosso trabalho em conjunto.

Para a venda dos livros não existiam vendedores. Cada hóspede escolhia o título do seu agrado e adquiria-o deixando o dinheiro ou cheque em uma caixinha ao lado e pegando o seu próprio troco. Essa era uma forma muito interessante de estímulo à conscientização.

Daí me veio uma grande inspiração: NÃO SERIA POSSÍVEL LEVAR ESSE CLIMA DE HARMONIA E COOPERAÇÃO PARA OS OUTROS SETORES DA NOSSA VIDA?

Se tivéssemos um pouco mais desse espírito de comunidade e de atuação em equipe no nosso ambiente de trabalho, por exemplo, não seríamos mais felizes na execução de nossas tarefas e atividades?

Seria maravilhoso se pudéssemos nos munir de tamanho equilíbrio e paz, de forma que as atribulações do cotidiano não nos afetassem. E pudéssemos, assim, atravessar todos os percalços sem perder o nosso eixo...

MUNDO MELHOR

A Universidade Espiritual Mundial de Raja Yoga Brahama Kumaris desenvolveu um trabalho muito bonito nesse sentido, chamado "Projeto de Cooperação para um Mundo Melhor".

Por meio dele, foi feita uma pesquisa, em diversos países, na qual se perguntou às pessoas, basicamente, o seguinte:

"Qual é sua visão de um mundo melhor e como você poderia colaborar para ela se tornar realidade?"

Foi constatado que, apesar de todas as diferenças de raça, cultura e religião, todos tinham anseios bastante parecidos, principalmente no que se refere ao resgate e vivência de valores humanos mais elevados.

Os valores eram: cooperação, liberdade, felicidade, honestidade, humildade, amor, paz, respeito, responsabilidade, simplicidade, tolerância, unidade.

Daí também veio uma grande inspiração, completando a de Nazaré.

Teríamos realmente um MUNDO MELHOR se:

Vivêssemos em regime de comunidade/coletividade, compartilhando nossos objetivos de vida.

Desenvolvêssemos projetos de longo prazo, prevendo um futuro mais promissor.

Resgatássemos, de nosso interior, valores mais elevados, e por meio deles procurássemos, efetivamente, fazer melhorias em nosso meio.

Tivéssemos consciência de que todos estamos interligados por uma Rede Divina Maior, pois, em essência, somos todos criaturas do mesmo Criador.

Conscientização

O resultado dessas reflexões poderia ser verificado através de processos de conscientização mais profundos.

À medida que passamos por eles, mudamos um pouco o foco de nossa visão e começamos a nos preocupar com:

1. Harmonizar a nossa vida com nós mesmos, percebendo melhor o que, efetivamente, é importante para nós.
2. Criar ambientes mais harmoniosos por onde transitarmos.
3. Procurar levar a energia comunitária para todos os cantos (e essa sensação ficou bastante reforçada em Nazaré).

De repente, comecei a sentir o quanto é importante incorporar a idéia de comunidade e vivenciá-la a cada momento. Isso faz com que nos sintamos um pouco como os índios na aldeia. Eles são criaturas sábias, que conseguem viver em harmonia consigo mesmos e com o seu meio.

Por não carregarem em suas culturas as noções de individualismo e escassez, como nós fazemos, possuem o mundo, tudo é deles: o céu, a mata, a caça, as plantações, o rio. Nada tem dono.

Mesmo a noção de família é mais ampla; é como se todos os integrantes da aldeia fizessem parte de uma grande família.

Não podemos dizer que são criaturas perfeitas, mas, positivamente, vivem uma vida mais saudável e equilibrada do que a nossa.

Filosofia de vida e de trabalho

Dessa forma, se temos a intenção de pautar a nossa vida por valores éticos maiores, desencadeamos processos de autodesenvolvimento e de melhoria do nosso meio familiar, profissional ou comunitário.

Será essa a nossa contribuição para um mundo melhor? Pode ser... Essa possibilidade, ao menos, está bastante próxima de nós, ao nosso alcance. E não precisamos de muita coisa para colocá-la em prática: basta começarmos com clareza de propósito.

Em mim, essa consciência despertou e começou a florescer em Nazaré. E está sendo estendida para trabalhos práticos, onde o enfoque é repensar o presente para redirecionar o futuro, nos seguintes aspectos:

- Promover processos de mudança, pela criação de padrões de pensamento que sejam inovadores, pioneiros e que realmente contribuam para melhorias efetivas.
- Aproximar as pessoas e suas energias, criando espaços para que se encontrem, troquem experiências, se expressem.
- Transmitir as idéias, os *insights* e todo o resultado dos trabalhos pelos meios de comunicação disponíveis, a fim de que mais pessoas possam deles se beneficiar.
- Atuar como "ponte" entre as necessidades e as disponibilidades de todos os recursos existentes (principalmente os humanos), promovendo a interligação entre eles.
- Orientar e estimular o desenvolvimento de uma energia interior amorosa, que permeie todos os nossos relacionamentos e manifestações de vida.

Pioneiros e colonos

Sem dúvida alguma, toda vez que uma proposta considerada inovadora para os padrões da época é colocada em pauta, passa a ser vista com restrições e até mesmo com resistência.

Talvez seja isso o que diferencia os papéis dos pioneiros e dos colonos, ao longo da história.

O pioneiro é aquele que vai na frente, desbravando caminhos "nunca dantes percorridos", correndo riscos, descobrindo novas paragens.

O colono vai logo atrás, mensurando os resultados e avaliando se o que foi descoberto lhe convém ou não.

Joel Baker, em seu excelente vídeo *Os Pioneiros dos Paradigmas*, faz essa comparação com muita propriedade.

Ele refez o percurso dos pioneiros do século passado nos Estados Unidos; daqueles que colocavam a família e tudo o que tinham em carroções e saíam pelo deserto desconhecido, em busca de lugares mais promissores. E, durante o trajeto, escreveram seus nomes nas pedras do caminho.

Baker estimula as pessoas a ter iniciativas semelhantes e a deixar seus nomes nas pedras da história.

E é o que se faz em Nazaré. O Centro desenvolve trabalhos pioneiros, cultivando o espírito comunitário, sustentando a si mesmo através da conscientização das pessoas e, principalmente, gerando climas extremamente favoráveis a buscas espirituais mais profundas e intensas.

Nazaré serve de fonte de inspiração para novos rumos de vida, de atitude, de trabalho e de crescimento pessoal.

Fonte de inspiração e de magia. Fonte plena, repleta, transbordante e transparente, e que podemos trazer para o nosso dia-a-dia. E transmitir por todos os lugares por onde passarmos, espalhando a nossa energia inovadora e renovadora.

Helena

"Qualquer gota de amor é importante para
curar a nós mesmos E ao planeta."

Nazaré é um manancial de Amor.
Quando entramos em contato com
esse manancial, ele vai, delicadamente,
potencializando a nossa própria
fonte interna desse magnífico dom divino.
Em alguns, então, ela jorra de forma abundante.
Em outros, timidamente começa a gotejar,
a renascer. Em qualquer caso é uma
dádiva preciosa, que balsamiza O nosso Ser,
reflete-se em nossa volta,
"amoriza" o mundo.

AMOR

A RESPOSTA

Minha experiência no Centro de Nazaré começou em abril de 1992. Fui participar do "Viver em Grupo", uma vivência de final de semana, em que as pessoas trabalham em tarefas básicas para a manutenção do local (cuidados com a horta, cozinha, faxina). Desde então, minha vida vem se transformando radicalmente.

Antes de conhecer Nazaré, sempre imaginei que deveria existir algum lugar onde as pessoas pudessem experimentar e aprender uma forma de convivência pacífica, mas também criativa. Um lugar onde não houvesse rivalidades, onde não houvesse qualquer espécie de autoritarismo, seja com o poder centrado em uma ou em muitas pessoas. E onde, ao mesmo tempo, houvesse a mais absoluta ordem e harmonia, onde cada um pudesse expressar sua individualidade, sua originalidade.

Eu imaginava um tipo de "escola" para aprender a conviver com atenção, harmonia e alegria. Uma utopia talvez, mas também um alento naqueles momentos em que estar com o outro torna-se um desafio, seja em situações de trabalho, na família ou nos relacionamentos amorosos.

Penso que Nazaré surgiu na minha vida como uma espécie de resposta a esse sonho. Não estou, com isso, dizendo que o Centro seja um paraíso acabado. Sinto-o como um paraíso em formação e que, de uma certa forma, vai além do sonho.

Lá nos encontramos para conquistar efetivamente a paz no convívio com o outro e superar, de vez, nossos velhos padrões de competitividade e de rivalidade. Afinal, estamos todos juntos, na mesma condição de habitantes do planeta Terra.

Lá descobrimos que há muitos outros sonhadores iguais a nós, que acreditam em um mundo melhor e que estão dispostos a dar o melhor de si para que a transformação aconteça.

Lá voltamos a acreditar no gênero humano, voltamos a nos religar com Deus.

Carlos Artur

SURPRESAS E ALEGRIA

Estou passando um período maior em Nazaré, e um dia desses tive uma grande alegria. Mais que alegria, êxtase!

Recebi uma caixa de presente via correio. E senti a amizade pulsar em cada objeto, em cada letra da carta que veio junto.

Dirigi-me ao templo, para a meditação das doze horas, mas acabei sentando-me num banco do jardim, sentindo todo o Centro como um espaço sagrado.

À medida que fui me aquietando, a percepção: que sol abençoado, depois de um amanhecer frio! O calor de seus raios encontraram-se com os raios do meu coração; senti-me filha e parte de Deus! Senti-me integrada com a natureza, com o Todo.

Agradeci. Os simples e pequenos presentes impulsionaram meus sentidos, o meu Ser e reconheci o milagre. Sim, os milagres são possíveis e, em vários momentos, tenho me permitido vê-los.

Foram instantes miraculosos porque plenos de liberdade, de alegria. Ao abrir os olhos, uma linda borboleta pousava em meu braço e as plantas "sorriam e falavam" comigo.

A energia fluiu abundantemente pelo meu Ser: era mais um renascimento! Levantei-me e caminhei com leveza e reverência. O resto do dia foi vibrante e repleto de um imenso amor pela minha vida, pela Vida.

Geisa

ABENÇOADO APRENDIZADO

Nazaré é um oásis na busca do autoconhecimento. Estando lá, eu sinto minha alma reenergizada, minha mente alimentada, meu coração refrigerado.

É um lugar de encontros e de respostas. Encontro com Deus, com a Natureza, com o trabalho e com as pessoas. E é por meio desses contatos que as respostas vêm, de encontro à busca.

Tudo isso se dá em Nazaré, porque lá eu sinto o Amor-Vivo presente. É como se tudo tivesse se voltado para mim, trabalhando a meu favor, contribuindo para o meu crescimento e evolução. Sinto-me feliz por Deus ter me concedido a dádiva de conhecer Nazaré.

Marcada em minha vida ficou a primeira vez que lá estive. Ao amanhecer meditamos, tivemos o desjejum, fizemos uma reflexão antes de começar as tarefas. Eu imaginara que passaria o dia lendo, estudando, ouvindo palestras mas, ao contrário, minhas tarefas foram limpar banheiros, lavar e passar roupas!

Fiquei irritada, pois não gostava dos serviços de casa, não tinha paciência para esses trabalhos; mas mesmo assim, os executei.

Passaram-se alguns meses. Minha mãe caiu de cama, com um câncer em estágio avançado. Coube, então, a mim a maior parte dos serviços da casa. Graças a Nazaré, consegui realizá-los com mais amor, paciência e compreensão.

Desejo que todos os que estão com o coração aberto, no processo de busca, encontrem esse recanto abençoado de Paz e Luz, ainda que apenas interiormente, através deste livro.

Reni

PARTILHA

Minha partilha é a da Alegria. Alegria de ter chegado ao Centro de Vivências Nazaré e de ter tido a possibilidade de, amorosa e silenciosamente, encontrar a cura interior; de descobrir as parcerias interiores e de me consagrar à rede de relações frutíferas que é o encontro de um ser humano com outro.

Vivenciar o resgate das qualidades que existem dentro de nossa condição humana, quando nos reconectamos com o sagrado.

A possibilidade de perceber o pulsar da Vida, o seu fluir, a sua simplicidade e a sua maravilhosa sincronicidade.

Sentirmo-nos inteiros e íntegros dentro do Cosmo, dando e recebendo, servindo e encontrando a paz em cada atitude.

A Nazaré e à rede de anjos e seres humanos que apóiam esse Centro de Luz, a minha eterna gratidão.

Jackeline

PRESENTEAR

Sou uma pessoa que gosta muito de doar e de se doar. Adoro ver a alegria dos outros quando ganham alguma coisa. Também gosto de ajudar.

Comecei, entretanto, a questionar-me: por que eu gosto tanto de dar coisas, de fazer coisas para os outros, de ajudar? Será por orgulho? Por ostentação? Por vaidade?

E lá veio outra vivência em Nazaré. Sempre chego muito feliz: sei que vou encontrar pessoas lindas, com experiências maravilhosas para partilharem comigo. E então terei respostas às minhas indagações espirituais. Terei novas revelações, mensagens, sonhos.

Naquele dia, à hora da divisão das tarefas, eu me propus a fazer a limpeza nos dormitórios. Era a primeira vez que eu resolvia ir para lá. Eu sempre preferia ir para a cozinha, pois gosto de cozinhar. Além do que, eu achava o trabalho de limpeza um trabalho menor.

Resolvi, no entanto, viver essa experiência. A focalizadora, Alice, pediu-me que passasse algumas roupas que haviam sido lavadas, mas que eram de pessoas que as haviam esquecido lá e ficariam à espera do retorno de seus donos.

Entre as peças havia um paletó de tergal de etiqueta francesa, muito bonito, mas muito amarrotado (havia sido colocado na secadora). Tentei passá-lo sem molhar, mas não houve jeito. Precisei molhá-lo por inteiro. Depois, com muita paciência, fui alisando, alisando até que ficasse impecável. Foi um trabalho de força e paciência, mas valeu a pena!

Só então me dei conta do que eu havia feito: primeiro fora um desafio; segundo, esforçara-me pelo puro prazer de fazer uma tarefa bem-feita, já que eu não sabia a quem pertencia o paletó; ninguém veria o meu trabalho, pois deveria guardar o casaco no lugar das roupas sem dono.

Ali estava a minha resposta: gosto de fazer e dar coisas pelo puro prazer que há nesse gesto. Não há interesse ou vaidade, orgulho ou ostentação; só a alegria de dar uma coisa bonita, de ajudar, de ver os outros felizes.

Agora, faço as minhas obras de arte, divido-as com quem precisa ou gosta delas... e pronto!

Lourdes

ABUNDÂNCIA

Nazaré, 14 de novembro de 1995. Em uma pequena vivência de fim de tarde, foi-nos proposto agradecer uma bênção. Uma bênção que tivesse fluído para o nosso coração em Nazaré ou da qual tivéssemos tomado maior consciência estando lá.

Fui percebendo que eram muitas as bênçãos a agradecer: família cheia de abundância; contatos profundos com as Energias Superiores; autoconhecimento; renovação do relacionamento materno; crescimento em termos de personalidade; avanço na conquista do equilíbrio interior, maior vivência do amor incondicional; expansão da consciência com abertura para a clarividência e clariaudiência. FÉ.

Obrigada, obrigada, obrigada!

Teresa

CAMINHOS

Quando, pela primeira vez, ouvi falar de Nazaré, cresceu em mim a certeza de que um dia, de alguma forma, eu conheceria esse lugar que me parecia ser encantado.

Foi preciso, porém, um período de mais ou menos três anos para que, enfim, eu pudesse viver a experiência mágica de estar lá. Esse tempo foi necessário para que meu coração e minha alma se preparassem para acolher, com carinho e disciplina, o caminho que deveria percorrer ao passar por esse Centro de Luz.

Estou me vendo, agora, chegando pela primeira vez a Nazaré. Meu coração não esconde sua felicidade ao ver, no "caminho das hortênsias", uma linda borboleta de asas azuis, quase violeta. Única, como são únicas todas as borboletas. Ela me explica, cheia de emoção, que é o meu anjo, aquela borboleta, e que veio me receber!

Vou encontrá-la mais tarde no "caminho das pedras" e depois não mais. As borboletas têm uma vida plena, mas logo desaparecem — e os anjos são quase sempre invisíveis.

Depois disso, porém, sempre nos encontramos em meus sonhos e quando isso acontece, ela pousa em meu ombro e, ao prosseguir em seu vôo azul, deixa comigo a energia necessária para que eu não me esqueça do "caminho da Vida".

Sônia Aparecida

DUAS BÊNÇÃOS

Agradeço ao Mestre a bênção da cura.

Há dois anos tive uma inflamação no nervo óptico. Fiquei muito nervosa e chorava muito, porque havia o risco de eu perder a visão de um olho.

O Mestre apareceu-me e disse que eu ficaria bem.

O médico havia dito que eu teria algumas seqüelas; entretanto estou inteiramente restabelecida.

E hoje, aqui em Nazaré, agradeço duas bênçãos: a bênção da cura e a bênção de poder partilhar com os outros um fato tão maravilhoso da minha vida.

Bella

OS *INSIGHTS* DE NAZARÉ

Nazaré é um local que propicia o autoconhecimento e que nos dá a oportunidade de entrar em contato com os conflitos e as questões mais pertinentes da nossa vida. No entanto, é preciso estar de coração e olhos abertos para captar os *insights* que ali acontecem. É através do trabalho e do convívio com as pessoas que eles se nos apresentam.

Sinto Nazaré como um grande laboratório humano, onde conhecemos nossas qualidades e defeitos, buscando nosso aperfeiçoamento de maneira integrada. Posso também comparar o Centro a um grande celeiro a partir do qual sementes são disseminadas; sementes humanas, com mais consciência de seu papel para consigo mesmas e para com a vida do planeta.

Na medida em que Nazaré contribui para a evolução do "SER", contribui também para a melhoria da qualidade de vida desta nossa querida "nave" terrestre. É por tudo isso que sou grata a esse *Centro de Luz* e a todos que têm colaborado para que ele exista e permaneça.

Vera

UM MARCO

Muitas e significativas foram as experiências que em geral vivi desde que passei a freqüentar o Centro de Vivências Nazaré.

Nazaré tornou-se um marco perene em minha vida, contribuindo de modo inequívoco para minha elevação espiritual.

Todavia, houve uma vivência especial, em abril de 1993, quando lá estive por uma semana, que ficou registrada indelevelmente em minha memória.

Na verdade, foram duas vivências, mas uma complementava a outra, mesmo internamente! E, ao relembrá-las, revivo as emoções que me assaltaram na ocasião.

Na noite anterior ao último dia que lá passei, tive um sonho que resumia toda a aprendizagem que tive naquele período! Partilhei, então, com meus sete companheiros e com o facilitador, as minhas emoções e introvisões e até terminei o relato com um lindo poema de Drummond sobre as "coisas eternas".

Já em casa, de imediato pude constatar a materialização de pensamentos que haviam sido formulados na vivência, ou seja, a sincronicidade acontecia cabalmente.

Todos esses momentos culminaram à noite, quando, sem dúvida, meu espírito retornou a Nazaré, certamente saudoso desse sítio de Luz, e recolheu outros ensinamentos que haviam escapado ao registro do que, para mim, deveria ser perenizado.

José Carlos

CONTATOS COM OS ANJOS

Nazaré é minha casa. Assim a senti desde 1987, quando ali cheguei pela primeira vez. Em todos esses anos, sempre que a visitei, vivi experiências maravilhosas que me ajudaram a direcionar a minha vida.

No entanto, o momento mais forte aconteceu em setembro de 1993, quando pude passar um mês na companhia da minha amada família nazarena.

Tudo começou durante a harmonização que é feita antes das refeições. Estávamos em círculo, em volta das mesas, de mãos dadas, olhos cerrados, agradecendo silenciosamente nosso farto alimento, preparado com tanto amor. Então senti uma luz verde muito forte e intensa pairando sobre o centro do círculo. Sua enorme radiância jorrava raios de luz que a todos envolviam.

A percepção dessa energia angélica foi tão forte que, após o término da harmonização, fiquei parada por um bom tempo, em êxtase, deixando confusa minha mente geminiana na tentativa de analisar o ocorrido. Mas era algo que partia do coração, que tinha relação com a sensibilidade. Todo o meu ser tinha certeza, embora o pensamento logo começasse a duvidar, perdendo-se em argumentos.

À noite, durante a meditação, a voz interior me disse: "Você é nosso anjo. Vá para o mundo lá fora, ajude a curá-lo e volte para nós." Fiquei em estado de graça por um segundo que pareceu eterno. Aceitei, naturalmente, o recado de minha alma, embora não entendesse muito bem. Resolvi esperar e continuei meu dia-a-dia, cumprindo as tarefas que me cabiam.

Sempre tive certa dificuldade em compreender os anjos, por tê-los conhecido através de uma religião com dogmas absurdos. E, agora, estava vivendo uma experiência que não podia negar. Eu sentia! Resolvi aceitar o fato, ao menos para poder observá-lo. E, então, a Energia começou a me envolver, assim que lhe dei passagem, creio. A cada instante, me sentia melhor, mais leve, mais alegre, até que um estado pleno e constante de paz interior instalou-se em meu ser.

Mesmo sem querer, acabei comprovando essa realidade, pois algumas pessoas chegavam perto de mim, conversávamos e elas iam embora demonstrando grande felicidade. De alguma forma, a Energia irradiava-se, por meio de mim, para os outros. Esse estado durou por volta de dez dias, quando voltei ao meu estado normal. Mas eu já não era a mesma. Não poderia. Agora eu tinha provado o gosto da Luz e não poderia esquecê-lo jamais.

Voltei a São Paulo e fiz mentalmente um pacto com o reino angélico: o de espalhar anjos pela Terra. Comecei a pintar anjos e a vender pequenos anjos de porcelana, para que muitas pessoas pudessem desfrutar da boa companhia que são esses seres.

Em 94 mudei-me para Campinas, onde me veio a inspiração de publicar um pequeno jornal, chamado *Correio dos Anjos*, que hoje é um recadeiro dessas Forças de Luz. Aos poucos, compreendi a antiga mensagem da sala de meditação. Mantenho-me aberta à inspiração angélica, buscando ajudar na cura do planeta, plantando sementes de Luz, de Vida e de Amor.

Kimara Ananda

BUSCA E ACHARÁS

Aqui em Nazaré encontrei a perfeita sintonia entre a Natureza e a espiritualidade.

Há algum tempo senti vontade de integrar-me a este mundo novo e propus-me a buscar, a estudar e a ler mais, muito mais.

Comecei, então, a freqüentar um curso de autoconscientização, ministrado pelo IPE — Instituto de Pesquisas Evolutivas, em São José dos Campos. Nele não há credo, crença, raça; apenas estuda-se para evoluir e crescer.

A bibliografia adotada e recomendada é semelhante à da biblioteca de Nazaré e fui percebendo que muitas outras coisas equiparavam-se. Senti que hoje o Superior trouxe-me até aqui, pelas mãos de pessoas amigas, para que meu propósito mais uma vez se confirmasse.

Minha intenção é crescer e transmitir ao meu próximo o amor, a fé, o respeito às leis naturais e espirituais. E a certeza de que, com Deus, tudo podemos.

Maria Aragão

PROTEÇÃO E GRATIDÃO

Sempre fui apaixonada pelos jardins de Nazaré, mas o jardim central encantava-me. Passava ali horas, sentada em silêncio, observando os beija-flores bicarem uma flor que parece uma bananeira e vendo as borboletas na sua incrível dança colorida.

Um belo dia de sol, trabalhávamos nesse jardim, uma hóspede e eu. Estávamos tentando tirar um mato enorme, que ficava perto de uma árvore e de umas bromélias. De repente, num relance, segurei o braço da pessoa que estava comigo e puxei-a para trás. Ela ia colocar o braço diretamente sobre uma pequena cobra cascavel. Com um pequeno pedaço de pau espantamos a cobrinha para o mato.

Ambas soubemos que esse fora um momento em que o Anjo de Nazaré e o Anjo do Jardim nos protegeram, pois só não fomos picadas por obra deles. Afinal, cuidando das plantas, já tínhamos mexido e remexido no local onde a cobra se encontrava.

Agradeço imensamente aos dois Anjos que, uma vez mais, mostraram-se tão atentos e amorosos.

Lili

POLARIDADES

Segundo os Mestres, como em cima assim embaixo, o que está dentro é igual ao que está fora; somos uma dimensão, uma galáxia em aprendizado, fazendo parte de um Todo.

Durante algum tempo não estive muito bem emocionalmente; não dei importância para as coisas corriqueiras, nem recebi visitas físicas. Interiormente, entretanto, sabia que não estava sozinha. Como meu Mestre poderia me abandonar nessas circunstâncias?

Um dia, ao começar um trabalho interno, obtive algumas respostas. Olhei para o céu (há tempos que eu não fazia isso) e ali estava a minha Estrela-Guia. Perguntei: "Por que você não falou mais comigo?" E a resposta que tive foi esta: "Você não olhou mais para o alto, por isso não me viu."

Senti vontade de chorar e chorei, porque os Seres de Luz não nos abandonam quando estamos em crise; nós é que nos abandonamos e não percebemos a beleza da ajuda deles nas grandes e pequenas coisas.

Depois disso, nos últimos dias de 1995, resolvi ficar em São Paulo para passar o Natal em família. No entanto, algo me dizia que deveríamos passar essa data com a família cósmica, na qual efetuamos o trabalho interior. Liguei para Nazaré e consegui uma vaga: alguém desistira...

Durante esse período, numa vivência no jardim de ervas, fui colher as folhas e galhinhos de uma plantinha para o chá. A planta me orientou, (!), comunicando onde e como eu deveria tocá-la para não feri-la; "disse-me" que, enquanto isso, ela poderia compartilhar comigo o trabalho dela! Segui a orientação e aprendi muito.

Sou grata à Mãe-Terra e ao Reino Angélico por ajudarem constantemente o Reino Humano. E sou imensamente grata a Nazaré por facilitar esses encontros de polaridades.

Maria Lhyia

DA SUÍÇA A NAZARÉ

Estou em Nazaré por um mês, para sentir mais profundamente a paz interior e também experienciar a vida em grupo, conhecer mais pessoas, aprender o português e curtir a Natureza.

Quando estive no Brasil pela primeira vez, um ano atrás, tive a oportunidade de conhecer o Centro.

Ao retornar à Suíça, onde tenho trabalhado muito, senti-me estressada e tomei a decisão de passar um mês comigo mesma. Por isso aqui estou.

Nazaré tem sua própria programação, atualizada diariamente. Isso eu já sabia como sabia também que ela era diferente do meu dia-a-dia.

Surpreendi-me com a dificuldade que senti para adaptar-me ao ritmo do Centro. Tive dor de cabeça, mas depois comecei a sentir que tudo decorria como se eu estivesse em minha própria casa.

Ficava ocupada durante o dia todo, mal conseguindo tempo para mim. Nas horas de folga, dormia muito, lavava, passava as minhas roupas, limpava meu quarto, lia, escrevia, estudava português. Mesmo assim, uma voz interior me dizia: "Faça mais, leia mais, escreva mais, participe mais das atividades da comunidade, apesar de elas serem voluntárias."

Eu quase não percebia mudanças em mim, talvez porque tivesse idealizado demais essa vivência. Pela primeira vez na vida sentia-me perdida.

O pouco conhecimento do idioma e a necessidade de desapegar-me das pessoas que passavam pelo Centro eram grandes desafios. Além da saudade de casa.

Num fim de semana, tivemos o "Vivendo o Silêncio". Que bom! Finalmente a possibilidade de recolher-me, estar comigo mesma e sentir o meu próprio ritmo; não falar português, inglês, francês, espanhol, nem mesmo alemão. Só o silêncio...

Para ser sincera, quebrei o silêncio por três vezes: uma para falar com Terry, outra com Boby — os dois cães que vivem em Nazaré; e uma terceira vez, para falar com um sapo que coaxava ruidosamente e não me deixava pegar no sono. Falei com eles no alemão da Suíça e — que maravilha! — eles entenderam!

Um outro milagre aconteceu durante o meu silêncio: o ritmo do local tornou-se parte do meu Ser. As meditações envolviam-me de tal maneira que me sentia feliz com as outras pessoas, mesmo sem falar. A partir daí, conscientizei-me de muitas coisas e consegui entender as regras do lugar.

Havia muito a ser feito: ora era preciso arrumar, ora tirar ervas daninhas da horta, ora fazer limpeza. Era preciso harmonizar não só a casa e o jardim, mas principalmente o meu eu interior.

Durante todo esse tempo, Sara Marriott foi para mim um amparo sem igual. Sua experiência e seu imenso amor tornaram-se uma contribuição valiosa para minha transformação. Minhas dificuldades minimizaram-se e fizeram-me perceber a energia positiva que emana do Centro. Entendi que, a partir de Nazaré, minha vida poderia crescer numa nova dimensão.

Devido a minha forte união com o Reiki, pude entrar e continuar em contato com meus queridos filhos, netos e amigos de além-mar. A separação tornou-se mera ilusão. Foi um bela e rica experiência. Mais uma vez, senti que a vida na comunidade podia expandir bastante minha consciência, num processo natural e amoroso.

O meu mês em Nazaré está terminando. Volto para casa, mas já deixei minha inscrição para mais três meses. E, enquanto isso, fico rogando ao meu Anjo da Guarda que me traga de volta, e à Luz e ao Amor do Cosmos, que se irradiem sempre mais sobre Nazaré.

Rosemarie

FELIZ NATAL

Noite de 24 de dezembro de 1994 em Nazaré.

Dirigia-me, junto com outras pessoas, à sala de estudos, para a partilha do Natal. O céu estava esplêndido, as estrelas chamando-nos a observá-las. Paramos, e enquanto olhávamos para o alto, uma das hóspedes começou a dar explicações sobre os astros.

Uma estrela brilhante chamou minha atenção e encheu-me de amor. Perguntei à moça que estrela era aquela. E ela me disse ser Sírius, uma das estrelas mais brilhantes do céu, não só do ponto de vista físico!

Fiquei estupefata, maravilhada, não me contendo de alegria. E, então, partilhei com o pequeno grupo que eu estivera lendo um livro em que o autor falava, de passagem, sobre Sírius, dizendo que esse astro irradia uma intensa energia crística, a energia do Amor. Eu nunca tinha ouvido falar de Sírius, mas "enamorei-me" dele.

E naquele momento, "por acaso", ele estava ali, presenteando-me com um FELIZ NATAL!

Aquela noite e o dia seguinte transformaram-se numa bênção especial: um novo nascimento.

Zelita

Às vezes, no descolorido morno da existência.
Às vezes, em meio a uma violenta tempestade.
Às vezes, num inesperado mar de alegria,
Enxergamos
O pássaro que canta,
A água que desliza,
O sol que acaricia.
Nossa alma assume a orquestração do nosso Ser.
Somos felizes!

BELEZA

INICIAÇÃO

Era novembro e caía, desde a véspera, uma chuva mansa e contínua. Era como se a chuva tivesse lavado a paisagem, tornando mais viva a vegetação, mais brilhantes as cores e flores, mais puro e mais leve o ar.

Cheguei a Nazaré ao meio-dia. Foi como penetrar num santuário. O silêncio reinava absoluto e não havia ninguém ali.

Encantei-me com a paisagem, com o silêncio e com a vegetação. Aventurei-me pelos caminhos sob a chuva fina que caía. Cheguei a uma construção de forma arredondada. Descobri então, pela quantidade de sapatos do lado de fora, que ali dentro pessoas meditavam. E ali fiquei, no umbral de minha Iniciação, meditando com todos, como havia feito tantas vezes antes de ali chegar, sentindo a Energia de Nazaré como uma teia de luz lilás expandindo-se e estendendo-se... estendendo-se...

Nazaré foi tudo que eu quis e esperei encontrar: a vida em comunidade, o trabalho compartilhado, o estudo conjunto, a serenidade do local, a contemplação, as pessoas amigas, o aconchego do lar.

Nas muitas meditações que fiz, visualizei o Centro e senti sua vibração. Assim, quando lá cheguei pela primeira vez, sob a chuva fina que tudo purificava, minha alma sentiu-se pura também e avisou-me que eu estava voltando para casa...

Heliane

O SONHO E A FÉ

Como sempre faço quando vou a Nazaré, naquela noite, antes de adormecer, fiz uma pergunta: “Senhor, será que estou no caminho certo? Será que terei forças para seguir com o meu propósito?” E sonhei...

Eu precisava descer por uma escada muito difícil. Ao lado dessa escada, havia um belo viaduto, por onde eu poderia chegar ao mesmo lugar, mas eu optara pela escada esquisita.

A escada era composta de um cano de ferro de mais ou menos seis polegadas e, colados ao cano, degraus de cerâmica vitrificada cor-de-rosa, no formato de metade de um pires, onde eu só podia apoiar a pontinha do pé.

A escada tinha uns quarenta metros de altura, não tinha corrimão e eu ainda levava ao colo uma criança de mais ou menos oito meses.

Sabe de uma coisa? Desci a escada sem titubear, sem escorregar nem desequilibrar, sem ficar olhando para os pés, na maior tranqüilidade!

Eu sabia que deveria descer até o fim, mas para minha surpresa, não precisei ir até o chão, pois quando estava na metade, fui transportada para um belo jardim, onde me sentei num bonito banco e fiquei esperando... não sei quem!

Quando acordei, senti que deveria ir em frente em meu propósito, com fé e confiança, porque sei que serei amparada pelo Amor Maior e pelo meu Anjo da Guarda.

Lurdes

A SIMPLICIDADE COMO VALOR

Com certeza, Nazaré me fez crescer espiritualmente.

Vivi intensamente o ritmo de Nazaré e nele as meditações foram muito importantes: senti-me mais perto do meu Eu Superior e do meu Anjo Companheiro.

Fiz todas as tarefas sempre com muito amor e dedicação. E, assim, Nazaré ensinou-me a ver a importância das coisas simples, como lavar uma louça, limpar um canteiro, fazer um almoço.

Por ser dona de casa, às vezes eu achava que esses serviços eram simples demais e não lhes dava importância e nem me dava valor.

Agora sei que, quando chegar em minha casa, vou fazer tudo com muito mais prazer. Eu sou muito importante, sou uma dona de casa muito, muito feliz, porque faço o que gosto e o faço com amor.

Nazaré ensinou-me a amar a minha simplicidade.

Obrigada a todos que fazem Nazaré!

Marli

DA SERVIDÃO AO SERVIÇO

Esta é a última noite da minha estadia em Nazaré. Acabo de assistir a um espetáculo magnífico. O tema foi o serviço. O cenário, o céu azul profundo e uma lua dourada; a melodia, a dos grilos e das cigarras, e o *show*, dos vaga-lumes. Um verdadeiro caleidoscópio!

Quanta beleza, quanta harmonia, quanta graça servindo à Vida! Entregues ao milagre, seus participantes, sem esperar aplausos, sem esperar nada, estavam plenos, divinos.

Várias vezes, em épocas diferentes da vida, prestei serviço. Despendi grandes esforços e muita energia para realizar minhas tarefas, cumprindo obrigações, trabalhando, antes de mais nada, para a minha sobrevivência.

Cresci. Concentro-me e procuro dedicar-me ao que faço, para sentir-me satisfeita e integrada ao meu verdadeiro Ser. Floresci.

Em outras "primaveras" da minha vida, essa flor — o serviço — também se abriu, embelezando e perfumando. Embora apenas nas "primaveras", realmente servi: não esperei nada em troca e me sentia cheia de Energia Divina.

Por alguns anos, prestei um serviço altruísta e voluntário no CVV — Centro de Valorização da Vida. Oferecia meu amor e percebia que, quanto mais doava, mais pleno ficava meu amor.

No campo profissional, também tive vários momentos de muita realização, simplesmente respondendo às situações com o que eu sou. Foram momentos ricos e de muita alegria.

Meu desafio, portanto, é manter essa atitude altruísta de prestar serviço com amor em qualquer circunstância: no trabalho, em casa, em Nazaré e em toda a oportunidade que tiver de servir ao Universo de forma impessoal.

Quando faço isso, minha alma manifesta-se e, então, uma energia luminosa plenifica-me e pode fluir para tudo e para todos.

Geisa

UM PEQUENO GRANDE PLANETA

Sempre que vou a Nazaré, tenho a sensação de que estou viajando para outro planeta; digo "outro planeta" porque tudo ali tem o seu significado, sua importância, sua utilidade. Desde o pequeno arbusto até o gigantesco pinheiro. O menor grão de terra torna-se perceptível e é valorizado. Até mesmo as raras borboletas azuis saúdam-nos com sua beleza e seu brilho fosforescente.

Estive lá algumas vezes e, sempre que retorno, trago na bagagem da vida um pedacinho desse "planeta". E assim vou reformando, reconstruindo e construindo este meu "planetinha" que, às vezes, torna-se insignificante e frágil, mas que sempre se vivifica à Luz de Nazaré.

Silvana

UM OBJETO, UM MESTRE

Um exercício em Nazaré: foram colocados vários objetos no centro de uma sala, onde estávamos reunidos. A proposta era a de que cada pessoa pegasse um objeto sem pensar, seguindo apenas o impulso. Depois, que procurasse senti-lo, entrasse em contato com ele e verificasse qual a mensagem que ele estava trazendo.

Escolhi uma pedra muito bonita e curiosa. Um de seus lados era negro, áspero, de aspecto grosseiro e forte e o outro, no entanto, era formado por cristais brilhantes, claros e transparentes.

Olhando a pedra, percebi que ela tinha muito a ver com o ser humano. E a mensagem que me passava era de que nós também temos dois lados: um obscuro, por vezes rude, e outro claro, transparente; e que não podemos dissociá-los, porque o todo é que faz a beleza.

Reconhecendo nosso lado obscuro e compreendendo sua força e potencialidade podemos utilizá-lo de forma produtiva. É integrando e aceitando esses dois aspectos do nosso ser que podemos nos sentir mais inteiros e aptos a desempenhar o nosso papel no mundo.

Sou grata a essa pedra, que me proporcionou um grande aprendizado e a compreensão de que até as pedras podem ser mestres.

Vera

SUÉTLINA

Cinco horas da manhã de uma madrugada escura e friorenta do mês de junho. Uma forte geada ocultava a visão da represa de Atibainha, bem ali no vale. A temperatura estava muito baixa e Nazaré dormia.

Caminhei pelo jardim e fui à Sala de Estudos, a fim de participar da Harmonização Corporal, e ali não encontrei ninguém. Resolvi aguardar o amanhecer, bem aconchegada nas almofadas dispostas no chão em forma de mandala. Ao centro, havia um vaso com plantinhas e ali coloquei a miniatura do "Anjinho de Bariloche", que eu trouxera comigo.

Na semi-escuridão, fiquei olhando as gotinhas de água que escorriam pela vidraça entreaberta. Foi então que, do lado de fora, acendeu-se um clarão difuso, que mostrava a pontinha de uma casuarina balançante. Então vi SUÉTLINA. Descia lá do alto, deslizando em ondas largas, para lá e para cá, num vibrar lento de asinhas frágeis.

Tão pequenina, com sua luminosidade fosca e suave tal como uma mariposinha, ela esvoaçou em torno de minha cabeça fazendo "PLIM", como um sininho de cristal. Foi tudo tão rápido que, quando me dei conta, ela já se retirava pela janela, perdendo-se na escuridão.

Veio-me à mente: "Que pena! Mal a conheci e você já se foi." Na mesma casuarina distante, outro clarão. Era SUÉTLINA que a adornava, como uma estrelinha tremeluzente. A bela árvore balançava, balançava, acenando um adeus. SUÉTLINA partiu, fazendo "PLIM...PLIM".

Ao amanhecer, olhando a paisagem queimada pelo fogo gelado, já sentia saudades de SUÉTLINA.

Naquele período, estava em Nazaré um alemão de nome Sebastian, que viajava pelo Brasil estudando aspectos da cultura indígena do país.

Sebastian sentou-se comigo no chão do refeitório e, enquanto comíamos, falamos sobre SUÉTLINA, sua luz viva, seu ser luminoso. E ele aconselhou-me a considerá-la igual a mim, nem maior e nem menor, para que quando ela retornasse, pudesse revelar-me um código para contato.

Estou aguardando a volta de SUÉTLINA, procurando compreender melhor sua mensagem de Luz e transformação.

Carminha

Obs.: SUÉTLINA em búlgaro designa a luz materializada; palavra formada da raiz do verbo brilhar.

REVERÊNCIA

Ao conhecer e viver Nazaré, enxergo uma porta redentora, que me faz aceitar e transformar os aguilhões no meu caminho evolutivo.

Mesmo estando distante, embora perto pela ligação de almas, procuro zelar para que esse Centro de harmonia e paz continue ajudando, cada dia mais, a evolução de todos.

Louvo sua existência e canto, no âmago do meu ser, uma canção de graças e glória.

Margarida

SONHO E REALIDADE

Como bem escreveram Roberto e Erasmo Carlos, "Além do horizonte, deve ter algum lugar tranqüilo pra viver em paz, encontrar a natureza, a felicidade com certeza..." Sempre imaginei que esse lugar existisse e sempre sonhei um dia encontrá-lo.

Não é que meu irmão, Fernando, que já estivera nesse lindo lugar, resolveu me convidar para conhecê-lo? E, de fato, constatei que é poético, muito belo, mas, acima de tudo, REAL!

Com uma energia espiritual latente, Nazaré faz com que cada um de seus hóspedes receba a graça e o privilégio de poder desfrutar dessa benignidade divina.

Estou feliz e muito emocionada, espero voltar a Nazaré muitas e muitas vezes.

Paz e amor é o que busco fazer crescer em mim e irradiar em tudo e para todos.

Deus abençoe esse Centro de Luz.

Vera Lúcia

A TECELAGEM ACABOU?

Um dos espaços mais bonitos e inspiradores de Nazaré é a tecelagem. Com vista para o lago e sua graciosa arquitetura, é um cenário encantador, que convida à alegria, à reverência e à comunhão com Deus.

Há algum tempo, porém, a tecelagem tem estado praticamente inativa. Mas, agora, vem surgindo uma proposta de utilizá-la — numa parceria com o grupo IPE — para um outro tipo de trabalho, mais dedicado à ecologia.

Inicialmente, um aperto no coração: iria aquele cenário de sonho, aquele espaço sagrado de interiorização terminar?

Depois, esta abençoada percepção/reflexão: estamos num momento de transformações planetárias intensas e rápidas. Cada vez mais, o individual é instado a unir-se ao coletivo; o grupo pequeno é convidado a ampliar-se.

E é assim que a "tecelagem" se transforma. Com a energia do amor e da gratidão ali deixada por tantos corações, constrói-se uma nova tecelagem. Ela usará não mais os hóspedes tecelões, mas funcionará em parceria com a região circunvizinha.

E com os fios invisíveis da Energia Sagrada de Nazaré, ela fará um novo tecido: o da colaboração com a região que acolheu o Centro. E estenderá sua ação muito além.

O Plano de Deus é sempre perfeito. E embora nem sempre percebamos o seu alcance e significado, ele é sempre maravilhosamente sábio e generoso. A tecelagem não acabou. Transforma-se em artesã do novo tecido planetário.

Zelita

FÉ E ALEGRIA

Senti Nazaré, pela primeira vez, quando alguns amigos voltaram de lá. Estavam mais centrados, a respiração e o olhar mais tranqüilos, falando de anjos e de meditação. Eu sentia a vibração em cada ato que eles praticavam e, como gosto muito de tudo que reverencia a Deus, fiquei interessada em conhecer esse "paraíso".

Dizem que "quando o discípulo está pronto, o mestre aparece" e foi assim que me senti quando me sintonizei com Nazaré.

Eu havia passado por um chamado espiritual muito, muito forte, quando me separei do meu marido e perdi todos os meus bens materiais, móveis e imóveis. Sinto que aquele momento foi crucial para eu me abrir para o invisível, que até então eu conhecia em teoria: achava bonito, mas carregava toneladas de apegos.

Em Nazaré, constatei o "paraíso" e senti a presença de anjos e de fadas, de toda a energia luminosa que ali circulava. Saí encantada, inclusive com as pessoas que conheci, as quais tornaram-se amigos, ou melhor, irmãos. Alguns deles tive a oportunidade de acolher em minha casa, o que é sempre algo muito prazeroso.

Na segunda vez em que me propus ir ao Centro, eu tinha marcado a vivência "Jogo da Transformação" com uma antecedência de nove meses. Quando chegou a confirmação de que eu poderia participar, eu ainda estava desestruturada financeiramente; não tinha a menor chance de viajar, pois morava na Bahia.

Uma amiga fez uma leitura de Tarô para mim e a resposta foi um NÃO, que o momento era inadequado, eu deveria aguardar outra oportunidade. Uma força maior, porém, fez com que eu me ligasse ao espírito de Nazaré. Batalhei e consegui a passagem de ida. Pensei, vou assim mesmo, a volta é com o Divino.

Na véspera da viagem, fui despedir-me dos meus pais. Minha mãe (sem saber o que se passava) colocou um dinheiro na minha bolsa e pude ter minha passagem de volta!

No Centro, como o próprio ambiente sugere, eu me sentia em outras dimensões (hoje posso fazer isso também na minha casa); sentia-me abençoada e aí os milagres, os anjos, tudo ia surgindo. Parece que ali Deus sempre escuta as minhas preces...

E eu ia trazendo, cada vez mais, toda essa força, toda essa energia para a minha vida. Uma vez por ano, pelo menos, eu precisava voltar a Nazaré para fortalecer-me com sua Luz.

Nunca vi algo desagradável acontecer em Nazaré. Parece que ali, ou você se sintoniza ou não entra. Pude trazer aos poucos essa sintonia para minha casa e fui mudando a minha vida. Tudo foi se transformando: meus relacionamentos, o compromisso de ser verdadeira, a fé, a confiança, o amor, a meditação, a organização.

Uma outra importante mudança também me ocorreu: passei a fazer com amor as tarefas domésticas, os trabalhos corriqueiros, aos quais não damos valor, mas que são tão necessários para que os anjos possam passear em nossos ambientes!

Sempre que voltava ao Centro, eu tinha um propósito. Numa das vezes, foi a minha vinda para Itajubá. Queria morar numa cidade mais tranqüila e ficar mais perto de Nazaré (a filha dependente da mãe). E como tudo fluiu! Apareceu tudo na hora certa: transportadora, consultório, moradia. Como num passe de mágica!... Inacreditável aos olhos do nosso intelecto.

Ainda estava me estruturando, quando eu tive que alugar uma casa. Não me sobrava dinheiro para isso. Como fazer? Fui meditar no meu TEMPLO SAGRADO, na casa do Pai. Hoje moro num lugar muito especial, que procuro manter impregnado de energia de Luz e Amor.

Minha vida atualmente é cheia de desafios e de mudanças, assim como é Nazaré. As soluções chegam sempre nos momentos inesperados e confio cada vez mais na minha capacidade de realização. Agora sei do meu poder, tenho fé, sei que existe um fio que me liga ao Pai.

Não me sinto mais dependente de Nazaré. Sou sua filha emancipada, madura, agradecida e espero ter aprendido a distribuir seus frutos.

Como terapeuta naturista, procuro realizar o meu trabalho à luz do aprendizado nazareno: na fé e na alegria.

Suzete

RECEITA

Saí de Nazaré com o coração em paz e a alma em júbilo. Vim pela estrada pensando em compartilhar essa experiência com outras pessoas. Lembrei-me, então, do livro que estava sendo escrito sobre o Centro e resolvi participar.

Quando estou em Nazaré, a atividade que mais me atrai é a da cozinha. O processo alquímico que é cozinhar, aliado à energia e à luz que emanam do local, conduzem-me a experiências interiores fascinantes.

Assim, pensei numa receita muito especial, que pode traduzir a mágica realidade transformadora que todos podemos vivenciar. É a RECEITA PARA A PAZ E A HARMONIA, cujos ingredientes são: amor, compreensão, respeito, fé e coragem.

Podemos usar indefinidamente a nossa criatividade com esses ingredientes, fazendo surgir novas receitas, certamente sempre maravilhosas.

Se a sua receita não der certo da primeira vez, tente outras vezes. Esses ingredientes são infinita e fartamente distribuídos a todos os seres e o resultado final é sempre belíssimo.

Conceição

GRATIDÃO

Como me sinto feliz pela PORTA que encontrei!

A PORTA estava aberta. Cheguei, entrei e estou dentro. O estar dentro é um processo miraculoso: descubro-me, sinto dor, sinto alegria. Percebo o meu crescimento, percebo também os meus bloqueios.

Neste momento, agradeço a bênção da oportunidade. Oportunidade de praticar aqui em Nazaré o serviço, a manifestação da minha alma. Quanto aprendizado! Quanta ajuda recebo e quanta ajuda posso doar!

Sou imensamente grata ao Divino, ao meu Anjo da Guarda, ao Anjo de Nazaré, ao Universo! Sei que o tempo que aqui estou passando é um tesouro de eterno valor.

Geisa

DUAS EXPERIÊNCIAS

Sempre que entrava na pequena estrada de terra que dá acesso ao Centro, eu sentia no ar um perfume característico, um perfume especial, etérico.

Isso aconteceu por um longo período e foi uma dessas experiências intransferíveis que os nossos sentidos nos oferecem, quando em comunhão com a alma, e que nos apóiam e nos encorajam em nossa jornada.

Experiência diferente, mas não menos significativa, foi a que tive quando, junto com outras pessoas, eu limpava, com a enxada, umas das trilhas de Nazaré.

O mato estava grande e achei melhor cortar primeiro com o facão. Pegava uma porção com a mão esquerda e, meio agachada, cortava o tufinho com a direita.

Num dado momento, indaguei-me se ali não haveria cobras. E, no mesmo instante, meus olhos foram como que puxados para o chão e lá estava uma cobra coral, próxima à minha mão esquerda! A direita, já levantada, estava prestes a dar o golpe no capim e, por conseguinte, na cobra...

Eu tinha medo de cobra, mas na hora nada senti; fiquei tranqüila e disse para a pessoa que estava ao meu lado, que havia uma coral ali. Ela sugeriu que chamássemos um homem para matar o animal, mas eu acabei decidindo por deixá-lo fugir.

Afinal, acabara de ser divinamente protegida...

Emília

SIMPLESMENTE SER

Estar em Nazaré é adentrar o meu próprio Ser, é perceber melhor o convívio com a Natureza e com a energia amorosa que emana de todo o ambiente e dos seres que ali estão. No silêncio da meditação, no trabalho e na observação de tudo que ali existe e se faz, instaura-se sempre um tempo de aprender.

E foi numa das estadas em Nazaré que o meu Ser, vendo-se no jardim, começou a contatar a beleza do lugar e, pairando o olhar sobre o azul das hortênsias, pôde atinar em como tudo é lindo e simples! É só respirar, relaxar e procurar no dia-a-dia a simplicidade. E... AMAR!

Durante os dias que lá estive, a palavra SIMPLICIDADE permaneceu em minha mente, e em um momento de descanso e silêncio "ouvi" o texto transcrito a seguir, no final deste relato.

De volta à cidade, quando tudo começa a ficar pesado, trago ao pensamento o azul das hortênsias e aquele momento de paz e beleza. Tento então retomar o aprendizado, procurando vivenciar a simplicidade em tudo que existe.

SER... SIMPLESMENTE...SER

Ser
Simplesmente Ser

o que fomos
o que somos
Simplesmente Ser
sem medos
de perder
de não sermos aceitos
ou de sofrer
Por termos de aceitar
os pontos frágeis de nosso ser
que também estão em outro ser
Para caminharmos em cada alvorecer
é preciso simplesmente Ser.

Para SER é preciso honestidade com relação a nós mesmos, humildade e serviço; também clareza, leveza e alegria, e saber dar e receber. Para chegar ao ponto de Luz que somos, é preciso ativar em nós o QUERER. Para acender essa Luz, é preciso perceber na vida as várias tomadas. Ao sermos capazes de percebê-las, poderemos, amorosamente, utilizá-las também para ajudar outras luzes a se acender e a caminhar com mais plenitude e sabedoria.

Para as tomadas acenderem as luzes, é preciso que elas estejam ligadas à Grande Luz Divina, através da oração, da meditação, do jejum e do querer.

Caminhemos sem medo e assim enfrentaremos os vários anoiteceres, teremos coragem para atravessar a madrugada e perceber os belos raios de sol a cada alvorecer. Raios esses que contêm divindade e irão nos fortalecer em cada dia do nosso viver.

Caminhemos na Fé e na Esperança: estaremos sempre amparados. E quando nos sentirmos cansados, lembremo-nos de que o

Amor é a espada dos que precisam abrir caminhos novos e prosseguir na tarefa de a muitos servir. Para isso é preciso somente deixar que a simplicidade toque o nosso Ser.

Florice

Certos tipos de humor muitas vezes entorpecem,
escondem uma profunda frustração existencial.
Outros, apenas distraem. Apenas?
Diferente é o humor angélico; ele é leve,
cheio de Graça e de bondade.
Faz-nos voar. Descortinar horizontes.
Mudar paradigmas. E deixa-nos com uma
sensação de indescritível bem-estar,
de saúde, de luminosa e suave alegria.

HUMOR

O CAMINHO DO ANJO

Eu estava em Nazaré, participando da vivência "O Silêncio da Música".

Foi proposto um "passeio às cegas" pela floresta: numa fila indiana, todos de olhos fechados.

O André, focalizador, era o primeiro da fila e permaneceria de olhos abertos. E a última pessoa, que era o "anjo", também caminharia de olhos abertos. Coube a mim ser o anjo.

No meio da fila, havia uma companheira que ficava com receio de pisar no pé da pessoa da frente e saía da fila, andando lateralmente. Eu, como anjo, avisei-a: "Você não está na fila, poderá lhe ocorrer alguma coisa." Falei uma segunda vez. E falei uma terceira. Depois não falei mais, porque já havia avisado...

Então pensei: "Que trabalho o meu Anjo da Guarda tem comigo, quando me avisa a primeira, a segunda, a terceira vez... Depois, ele me deixa à vontade..."

Daquele dia em diante, passei a prestar mais atenção ao meu Anjo da Guarda.

Fátima

O ENCONTRO

Durante muito tempo, fugi dele. Era grande demais, muito ameaçador para minha pequenez. Assim é que eu o via. Usei de todos os subterfúgios para não estar com ele.

Enquanto isso, ouvia falar de Nazaré. E em meio à surpresa e ao entusiasmo, aumentava a vontade de conhecer o Centro. Enfim chegou o momento e um dia, lá estava eu.

À primeira vista, encantamento, beleza, perfume e ele. Ele estava lá. Tão grande como nunca experimentara, tão perto como nunca sentira. Esse que tanto me incomodava, assustava-me, é conhecido pelo nome de Silêncio.

Ali, no quarto que me fora destinado, vi-me envolvida por ele, a sós com ele. Só então percebi que nunca estivera tão próxima de mim mesma. Sutilmente, ele me convidava a entregar-me, a não temer. E começou a me ensinar as coisas maravilhosas que eu poderia descobrir, sentir, transformar, reconstruir, fazer, se eu o deixasse fazer parte da minha vida.

Aquele primeiro instante silencioso que Nazaré me proporcionou jamais será esquecido. O que me assustava nada mais era do que um amigo desconhecido. E depois que me abri para ele, deixou de ser grande demais, para ser acolhedor e tornar-se o meu ponto de reencontro comigo mesma.

Desde então, se me perguntam o que é Nazaré, respondo que talvez seja um repicar de sinos, um ouvir de alma, uma mágica real, não sei... não tem explicação! Só sei que existe.

Raquel

FORMAS E FORMAS

Sempre que vou a Nazaré, estabeleço um propósito ou um questionamento.

Para a vivência "Trabalho: Amor em Ação", o questionamento era: "Agora que estou terminando um ciclo profissional, ao mesmo tempo que um ciclo da minha vida também vai-se fechando, como fazer a transformação necessária? Mudar tudo, dar uma grande virada ou aproveitar partes da experiência para montar um novo esquema de atividades e de vida?"

A vivência começou e, na primeira distribuição de tarefas, o susto! Enquanto Lídia lia a lista dos trabalhos a ser executados, eu me pressionava: "O que eu estava fazendo ali? Aquilo era uma vivência de manutenção!! E eu não sabia fazer nada do que estava sendo proposto."

A minha alma, porém, sabia por que eu estava ali. E então fui desamassar formas...

Desajeitada, mas com amor, fui desentortando todas aquelas assadeiras da cozinha. E na tarefa, o aprendizado: "Não é preciso jogar fora as velhas formas. É preciso restaurá-las."

E fui desamassando-as. Algumas, com pouco trabalho eram recuperadas. Outras, com muito. Outras ainda, mesmo que desamassadas, não seriam úteis por muito tempo mais. Exatamente como eu teria que fazer com minhas formas de vida!

Cheia de júbilo, agradeci mais uma vez a Nazaré, a essa Energia Divina que tantas bênçãos tem me concedido.

E ainda hoje, continuo desamassando as minhas formas.

Zelita

CENTRO DE LUZ

Eu morava em Florianópolis, quando ouvi falar de Nazaré pela primeira vez.

Minha amiga, Maria Helena, disse-me que iria passar a vigília de Ano Novo em um Centro de Luz que estava sendo construído. Na minha ignorância, perguntei se era de funcionários da Light... Ela riu e disse que não. E informou-me que uma grande dispensação kármica era concedida aos que dele participavam.

Sem entender bem, mas sentindo-me muito atraída, acabei indo também, para passar uma semana, participar dos mutirões de construção e das palestras proferidas por Trigueirinho.

No terceiro dia, disse à Maria Helena que algo estava errado, pois em vez de me esclarecer, de clarear, eu me sentia muito confusa, como se tudo que estava do lado direito do cérebro tivesse passado para o lado esquerdo e vice-versa.

Ela sugeriu-me que eu fosse conversar com Sara Marriott. Mas como dizer a uma pessoa com tantos conhecimentos e tão recolhida em meditações como ela era que a minha cabeça estava uma bagunça?

Fui. E aí começou uma amizade que se estende até hoje. Agora vejo quanto minha trajetória de vida foi enriquecida pelo Centro e por Sara.

Passei a ler vorazmente os livros esotéricos e, com relação a muitos deles, eu tinha a sensação do *déjà vu*. E ao longo destes treze anos de convivência com Nazaré, muito tenho recebido e doado.

Hoje moro nas cercanias do Centro e faço traduções para Sara. O aprendizado é intenso: a expansão da consciência, as histórias que se entrelaçam. Sinto os fios invisíveis das nossas almas, atraídas que são a essa Escola Iniciática, onde se aprende a exercitar o Amor, a compaixão, a sinergia grupal, a doação.

Sou imensamente grata a esse local sagrado e à oportunidade rica e profunda de viver aqui muitas das aventuras e desafios que a Vida nos oferece.

Thereza Carlota

SERVIÇO

Quando cheguei em Nazaré pela primeira vez, eu disse: "Isto é uma amostra do que será, no futuro, este planeta." Considero uma graça especial ter encontrado esse belíssimo trabalho, com o qual muito tenho aprendido.

Uma lição importante foi a que aprendi logo nos primeiros tempos do Centro.

Trigueirinho pediu que fosse colocado um tapume na porta da sala, onde eram realizados os *workshops*, pois o cão Terry gostava de entrar.

Eu disse-lhe que o vidro para a porta chegaria naquele mesmo dia, mas ele insistiu, argumentando que era melhor fechá-la logo. Fiz então o trabalho, o mais caprichado e da forma mais amorosa possível.

Pouco depois chegou o vidro, a tempo de colocá-lo antes da reunião. Então, naquele instante, veio-me com clareza: "Tudo o que é feito, não importa que dure cinco minutos ou quinhentos anos, é válido de acordo com o modo como é feito. É isso que fica gravado no etérico do planeta."

Isto se incorporou ao meu Ser. Agora, procuro sempre praticar esse aprendizado e, quando tenho oportunidade, falo da importância de se fazer tudo com amor e da melhor forma possível.

Tento ainda me lembrar: não importa se os outros vêem ou não o que faço; se fica bonito ou não. Importa a qualidade, o propósito de não apenas fazer um trabalho, mas de prestar um Serviço.

Emília

A SINFONIA DOS BEM-TE-VIS

Embora muitos caminhos estejam me ajudando na jornada em direção à casa do Pai, o caminho de Nazaré abriu-me as portas de uma percepção mais consciente, e que me permite hoje identificar uma sinfonia de bem-te-vis.

* * *

Manhã de sábado. Recolho-me para os meus momentos de quietude. Procuro fazer o alinhamento dos meus corpos com meu Centro Divino.

À medida que me aquieto, uma pergunta surge com suavidade, mas com insistência: "Se você pudesse fazer um único pedido, qual seria?" E sem ter tempo para especulações mentais, vi-me respondendo: "Estar em contato constante com meu Centro Divino e viver a partir daí."

Ao terminar de pronunciar essas palavras silenciosas, comecei a elaborar mentalmente esse momento meditativo. Percebi então que, apesar de ainda orar pedindo por tantas pessoas, situações e por mim mesma, naquele momento eu só quis "a única coisa necessária".

Foi aí que os Anjos me presentearam com a sinfonia dos bem-te-vis.

No jardim, sempre aparecem bem-te-vis, para brindar-nos com seu canto e sua alegria, mas nunca foram tantos, nunca ficaram tanto tempo, nunca fizeram uma algazarra tão grande! Uma singular, belíssima sinfonia...

Infinitamente feliz, agradeci a Deus, aos Anjos e ao seu maravilhoso senso de humor, aos bem-te-vis e a seu Deva, ao meu Sagrado Ser e a todos os Seres de Luz que me guiam e protegem.

Zelita

BOM HUMOR EM DOBRO

Na minha segunda visita a Nazaré, depois de uma partilha e antes de adormecer, orei ao Senhor e pedi-Lhe que me ajudasse a encontrar o meu Caminho, que meu Ser acordasse para ver a Luz. E sonhei.

Sonhei que dirigia um lindo carro do ano, e eu também era jovem e bonita. Em meu colo, estava uma criança pequenina, adormecida. Havia, no entanto, um sério problema: o carro não me obedecia. Eu virava o volante para a direita e ele virava para a esquerda, eu queria entrar em determinada rua e ele entrava em outra, toda esburacada! E mais: entrava em ruas congestionadas, viadutos que eu não sabia aonde iam dar...

Eu estava muito aflita, pois não chegava a lugar nenhum. Percebi então que havíamos parado num local que eu deveria atravessar. Era um corredor estreito, de uns sessenta centímetros de largura e de uns dez metros de comprimento. Com o carro seria impossível passar! E ainda havia a criança adormecida.

Sabe o que eu fiz? Peguei o carro e fui dobrando-o, dobrando-o até que ele ficou do tamanho de uma maleta, com uma alça! Dependurei-o no braço, a criança acordou e eu atravessei o corredor tranqüilamente.

Ao despertar, entendi que precisava diminuir o tamanho do meu EGO, para poder seguir meu Caminho e para que a criança interior pudesse acordar.

* * *

Ainda nessa minha segunda estada em Nazaré, por volta de 1990, participei da vivência "Jardim de Ervas", focalizada pela Norma.

Como moro numa chácara, estava entusiasmada por aprender a cultivar ervas para chás e condimentos.

Há porém algumas ervas de que eu não suporto o cheiro, como, por exemplo, a arruda e o coentro.

Norma reuniu-nos e, depois da harmonização, propôs que fôssemos colher ervas, inclusive a camomila, que estava em flor e deveria ser colhida até as nove horas da manhã.

Escolhi, então, colher as flores da camomila e lá fui eu, de chapéu de palha e cestinho no braço, toda feliz.

Descemos o ladeirão até a horta, fizemos silêncio, entramos em harmonia com a Natureza e fomos cada um para um lado.

Perguntei onde ficavam as camomilas. Estavam crescidas, cheias de lindas florzinhas brancas. Entrei por entre elas e senti aquele cheiro "horroroso" do coentro!

Percebi que, intercalado com a camomila, haviam sido plantados pés de coentro... Fiquei ali por horas no meio dos pés de coentro, que impregnou minha roupa, meu corpo e meus cabelos com seu odor.

Resolvi conversar com ele, pedir-lhe que me perdoasse, pois eu procuraria gostar dele. E foi então que entendi o recado: aceitação.

Hoje já o aceito melhor e aprendo também a aceitar os vários matizes da Vida.

Lurdes

DO SONHO PARA A REALIDADE

Da segunda vez que fui a Nazaré, escolhi a vivência do "Silêncio".

Cheguei numa sexta-feira, recebi as orientações e fui para o meu quarto. Ao entrar, imediatamente senti uma enorme sensação de PAZ e harmonia. Ao mesmo tempo, fui sendo envolvida por um grande cansaço e muito sono.

Vinha trabalhando muito e vivendo num ritmo bastante acelerado; estava cheia de ansiedade, incertezas e culpa. Trouxera livros, papel e lápis, mas não conseguia nem ler nem escrever. Tudo o que consegui foi adormecer.

Ao acordar no dia seguinte, aquela PAZ continuava e de modo ainda mais profundo. Meditamos e após o desjejum voltei para meu quarto. Não consegui ficar acordada! Era mais forte do que eu aquele "estado". Dormi por várias horas.

Quando voltei desse sono (não sei bem se foi sono), senti um forte impulso de escrever e foi o que fiz. Escrevia rapidamente, sem pensar muito. Nem sei se tinha muita consciência do que estava escrevendo, apenas ia colocando no papel as idéias e pensamentos que me chegavam à mente.

Lembro-me de que, em resumo, as idéias tinham a ver com a beleza do lugar, com a plenitude que eu sentia e com a grande necessidade que meu Ser sentia de ficar mais tempo ali. Na hora, não dei muita importância, nem avaliei bem o que acabara de escrever.

O mais importante de tudo isso é que, num segundo momento, dei-me conta, ao conversar com Sara Marriott, do quanto aqueles depoimentos, ali no SILÊNCIO do meu quarto, faziam sentido!

Pedi ajuda a Sara para decifrar aquela história de "ficar por aqui, de morar por perto", pois tudo isso era muito estranho e muito recente para mim. Ela disse que tudo poderia ser realidade e que era um "desejo" da minha alma. Brincou comigo dizendo que, enquanto eu relatava a minha história, ela vira uma borboleta azul, e que esse fora também um sinal de que ela ficaria no Brasil...

Ao término da entrevista, encontrei um grupo de pessoas de Nazaré Criança, um outro Centro que estava se formando nos arredores e onde haveria uma escola e outros trabalhos.

E, naquela mesma noite, providenciei a compra de um terreno bem próximo dali, dando, ao grupo que encontrara, meu consentimento para iniciar as negociações, sem mesmo conhecer o torrão onde hoje tenho uma linda casinha, em frente à represa.

Agora aqui estou eu, contando esta história, partilhando com vocês que a minha vida e a de meu marido tomaram novos rumos, que há muitas metas a atingir e desafios a vencer, mas que devagar estamos alcançando, uma de cada vez.

No exercício da paciência e do amor, aprendo a caminhar e a parar, a esperar e a realizar, transformando, assim, sonhos em realidade.

Tânia

O ANJO DA CLAREZA E OUTROS ANJOS

Numa das vezes em que estive em Nazaré, optei pela tarefa de lavar os vidros do Centro Comunitário. Era final de ano e pensei em estender o trabalho para as paredes internas e externas, removendo a poeira e as teias de aranha.

No planejamento da tarefa, estava prevista a participação de oito pessoas. No momento da distribuição das atividades, apenas sete se ofereceram. Dentre elas, um casal e duas senhoras. Pensei, "vai ser uma tarefa árdua para este grupo".

Harmonizamo-nos e pedi a orientação do Anjo da Clareza para o bom desenvolvimento do serviço e para que nos auxiliasse a remover nossas barreiras egóicas, deixando cada vez mais à mostra a nossa essência.

O casal foi para o refeitório, os outros três para a limpeza dos vidros e eu e as duas senhoras ficamos com a cozinha, a padaria e a copa.

Ao deparar com o volume de trabalho e a dificuldade com a altura, minhas companheiras propuseram-se a trocar de tarefa. Auxiliou-me o Anjo do Propósito e falei-lhes para fazerem o que pudessem; eu ajudaria e faria o que restasse.

Quando solicitaram rodos, bancos e produtos para os vidros, disse-lhes que só usaríamos água para lavar e jornal para secar.

Logo o serviço ganhou ritmo, passando a transcorrer com rapidez.

O resultado é que a tarefa foi concluída antes da hora prevista e ainda houve tempo disponível naquela manhã! Guardamos todo o material e felizes fizemos a harmonização final.

Agradecemos ao Anjo da Clareza por nos ajudar a ver melhor nossos objetivos. Ao Anjo do Propósito, por facilitar a execução do serviço, não permitindo que nos afastássemos de nossas metas. Ao Anjo da Simplicidade por mostrar-nos que podemos remover obstáculos com nossos próprios recursos. Ao Anjo da Paciência que auxiliou na colaboração plena do grupo, com amor e sincronia.

Agradecemos aos outros Anjos Amigos que nos inspiraram a perceber nossas capacidades e a obedecer as indicações da nossa alma.

Mário

CONSCIÊNCIA DE GRUPO

Entre as muitas dádivas de Nazaré, está o desenvolvimento da consciência de grupo. Das várias ocasiões em que pude vivenciá-la, vou partilhar uma que me é muito significativa.

Dezesseis de junho de 1996. Manhã bonita e fria de domingo. Tenho um encontro com os voluntários do CVV — Centro de Valorização da Vida —, um trabalho de prevenção ao suicídio.

O grupo havia me convidado para participar de sua RGV — Reunião Geral de Voluntários. Eu preparara uma atividade que nos possibilitasse colocar em prática o "exercício do amor", tão fundamental numa relação de ajuda.

Como todas as manhãs, pego o livro *Meditando com os Anjos*, de Sônia Café e Neide Innecco, em busca de um companheiro angélico para o dia. Mentalizando o trabalho a ser realizado, abro o livro: *Anjo da Consciência de Grupo*!

A sincronicidade tem estado bastante presente em minha vida, e, a cada vez que acontece, extasio-me, sinto-me repleta de reverência e gratidão.

Vou para o posto do CVV, onde a reunião ocorre num clima amoroso e atento, iluminada pelo brilho único de cada participante.

Num dado momento, estou falando sobre TRANSFORMAÇÃO. Havia anotado alguns exemplos de transformação e, entre eles, o do milho que se transforma em pipoca. Sem saber por que, resolvo não citar esse exemplo e peço ao grupo que dê outros.

Nesse exato momento, um cheiro de pipoca inunda o ar e uma pessoa comenta: "...o milho que se transforma em pipoca!"

Alguém, na cozinha do posto, arrebentava pipocas para a confraternização ao final do encontro.

Os Anjos têm um belíssimo senso de humor, não é? E, no exercício do amor, propiciam-nos o desenvolvimento da consciência de grupo.

Zelita

É incrível a sincronicidade presente em
toda a organização deste livro.
Por isso o dediquei ao Anjo do Humor,
que tantas vezes me fez sorrir, rir, aplaudir.
Quando terminei de reler os textos seguintes,
fiquei com esta clara percepção:
qualquer que fosse a experiência de cura,
o SILÊNCIO interior era fator essencial.
Não é que, no mesmo dia, recebo do Cadu
(que está passando um período em Nazaré)
um texto, cujo tema é o silêncio transformador!
Agradeci interiormente ao Cadu. E incluí
seu texto no final desta seção...
Sentirmo-nos amorosamente acompanhados
também cura. Por isso é que dediquei também
este trabalho ao Anjo de Nazaré.

CURA

CAMINHOS PARA A AUTOCURA

De 11 a 13 de outubro de 1996, estive em Nazaré e participei da vivência "Caminhos para a Autocura".

Percebi, então, que o principal caminho para a autocura é desenvolver o amor por mim mesma! Aceitar-me e amar-me, incondicionalmente, do jeito que eu sou, com todos os processos de purificação necessários, passados, presentes e futuros.

Também percebi e concluí que, quanto mais conectados com a nossa essência ou Centelha Divina, com o nosso *self* ou Eu Superior, mais somos saudáveis!

A saúde e a harmonia do nosso ser, em todas as suas manifestações — física, emocional, mental e espiritual —, vão existir na mesma proporção e sintonia da nossa ligação com Deus, no nível do coração. Com sua força, poder, luz e amor presentes em nosso próprio ser.

Quanto mais nos conscientizarmos da nossa natureza espiritual e dos atributos do nosso Ser Interior, mais saudáveis seremos, mais harmoniosos nos sentiremos.

Sandra

EM BUSCA DE CURA

Quando me propus a organizar este livro, ficava me perguntando se deveria mesmo fazê-lo.

Apesar da imensa vontade de prestar um serviço ao Centro, que tanta Luz tem trazido ao meu caminho, não conseguia escrever.

Uma questão preocupava-me: de que modo conciliar o aspecto literário com as várias narrativas, sem modificar o que realmente as pessoas queriam dizer? E nesse impasse eu ficava paralisada.

Pedi então ao Anjo de Nazaré que me mostrasse a Vontade do Pai.

Logo depois, indo a uma consulta médica, a dra. Moralina, ao me ver entrar com um livro que estivera lendo enquanto aguardava, recebeu-me assim:

— Você gosta de ler, hein? Por que não escreve, para a gente poder ler...?

Entrei, então, na dimensão de Nazaré e foi difícil voltar a minha atenção para a consulta!

A partir daí, pude perceber que eu não estava sendo convidada a escrever uma obra literária, mas a registrar os momentos meditativos dos hóspedes de Nazaré. E com isso, talvez, propiciar outros tantos momentos-semente àqueles que se sintonizem com a essência do Centro de Luz, contida em cada partilha.

Zelita

NOVOS CAMINHOS

Ao receber a proposta para contar a minha experiência em Nazaré dei-me conta de que, apesar de ter estado lá apenas três vezes, foi com muita intensidade que vivi cada momento. E esses momentos determinaram novos caminhos em minha vida, contribuíram para uma profunda transformação em meu ser.

Antes de conhecer o Centro, eu era uma pessoa infeliz, extremamente ansiosa, medrosa, perdida e confusa. Todos os dias eu me destruía: fumava muito, quando bebia era com exagero, comia uma infinidade de coisas que me faziam mal. Enfim, eu não tinha a menor idéia do que era estar viva com qualidade.

A primeira vez que estive em Nazaré, em julho de 93, foi o ponto de partida da minha transformação. O silêncio, a pontualidade, a organização, as atividades, o amor, o cuidado, a forma como as coisas aconteciam, tudo fazia para que eu me sentisse em casa, com uma sensação incrível de paz, segurança e tranqüilidade.

A combinação desses aspectos e a convivência com o grupo levaram-me a uma inevitável reflexão: qual era o meu propósito na vida e o que eu estava fazendo dela até aquele momento? Surpreendente foi que não consegui achar alguma resposta que fizesse sentido e disso resultou a dor.

Descobri que a minha vida era vazia e solitária, que eu não tinha a menor idéia de onde pretendia chegar. Fiquei chocada ao perceber que eu não me comprometia com nada, não assumia a responsabilidade por meus atos e, ainda pior, culpava o mundo pela minha infelicidade.

Apesar de ter passado ali apenas um final de semana, voltei para casa com a certeza de que a conscientização desses aspectos mudaria o rumo da minha vida. E mudou mesmo!

Foi a Luz de Nazaré que iluminou o lugar onde eu estava escondida e, com o Amor com que fui nutrida, pude fazer novas escolhas e conduzir a minha vida de uma outra forma.

Hoje agradeço todo esse processo e também a oportunidade de partilhá-lo.

Maria da Glória

O BASTÃO SAGRADO

Na primeira vez em que fui a Nazaré, participei de uma vivência que incluía a confecção de um bastão "sagrado".

Desde o começo, senti profundamente a paz e o amor reinantes no Centro. Era como se eu já conhecesse todas as pessoas do grupo.

Na partilha, fiquei muito à vontade para falar de mim, sem medo de ser criticado ou julgado.

Ao confeccionar o bastão, comecei a perceber os entraves que estavam atrapalhando o meu crescimento interior e a minha realização pessoal: falta de persistência, orgulho, ansiedade e medo. Foi muito doloroso confrontar esses sentimentos.

Depois houve uma atividade de plantar árvores. Eu plantei um pé de pitanga e ao lado enterrei o bastão. Naquele momento, pedi para o Alto para que todas aquelas amarras que ligavam o bastão fossem dissolvidas na terra e que a confiança, o amor e a perseverança continuassem vivos em meu ser.

Fiz ainda um outro pedido: que aquela árvore pudesse florescer e produzir muitos frutos. Ao terminar o plantio, uma energia benfazeja envolvia todo o meu ser.

Voltei várias vezes a Nazaré. Na última vez, a primeira coisa que fiz foi visitar o pé de pitanga. Lá estava ele, muito bonito e viçoso. E eu senti uma imensa alegria...

Agradeci intensamente à vivência do "Bastão Sagrado" e à Nazaré, fonte de Luz e de bênçãos.

Orlando

COMPREENSÃO E CURA

Até conhecer o trabalho de Nazaré, a minha compreensão de como atua a energia sexual era diferente e me causava vários dissabores.

Só me relacionara sexualmente com meu marido e, depois da nossa separação, mantive abstinência.

Um dia, alguém com "certo conhecimento" falou-me que a relação sexual era o ato que propiciava a maior troca de energia. Aceitei então alguns convites, já que "a troca de energia revitalizava". Foi frustrante.

Em Nazaré, conheci Trigueirinho e ouvi o que ele disse sobre a energia sexual. Ele falou sobre como essa energia atua nos diferentes níveis do nosso ser e não apenas no nível da genitalidade.

Tudo ficou claro, cristalino. Deixei de lado o tipo de relacionamento que estava mantendo e, naturalmente, o celibato passou a me fazer bem.

Hoje compreendo a necessidade e até o desvio de algumas pessoas; respeito tranqüilamente o processo de cada um. Nada me incomoda com relação ao sexo.

Estou em paz.

Emília

DIFERENÇA

Conhecer Nazaré fez total diferença na minha vida.

Lembro-me de que quando ali cheguei pela primeira vez, em 1993, não conseguia nem falar. Sentia-me em pânico e tremia toda.

Durante as vivências, tomei contato com a minha criança interior e percebi toda a dor que ela trazia. Conscientizei-me de que somente eu poderia recuperá-la, amá-la, aceitá-la e acolhê-la. Tudo isso foi e está sendo um grande encontro para mim.

Tomei contato, também, com meus espelhos, meus padrões e crenças interiores e agora percebo a enorme diferença que é viver e ver tudo de uma forma mais positiva e amorosa. Cada vez mais, aprendo a me soltar, a confiar.

Estou aprendendo que o Sagrado inclui tudo e todas as partes do meu ser e que a maneira de me relacionar com Ele é que faz toda a diferença. Viver essa dimensão no meu dia-a-dia é meu atual desafio.

Estar em Nazaré, ter Nazaré no coração, é uma bênção! Traz-me um sentimento muito agradável de plenitude, beleza, bem-estar e alegria. Sinto-me completa e totalmente agradecida por todo amor, compaixão e aceitação que recebi.

Ana Maria

AJUDA ANGELICAL

Conheci Nazaré em 1993. Senti verdadeiramente o lugar como um Centro de Luz.

Em 1994 fiz o "Jogo da Transformação" e pude superar um grande bloqueio que existia em mim. Eu havia sofrido muita rejeição durante a vida intra-uterina. Esse obstáculo tornava a vida tremendamente difícil e pesada para mim.

Ao sair dessa vivência, pude experimentar uma das melhores sensações que já conheci, a leveza!

Em 1995, participei do "Jogo da Liderança" e consolidei o trabalho anterior. Senti principalmente serenidade. E dei início ao que viveria na próxima estada em Nazaré: a integração do feminino.

Em 1996, fiz a "Parceria Masculino/Feminino" e pude perceber como meu feminino estava reprimido.

Sempre fui rejeitada por ter nascido mulher. Minha mãe dava preferência aos homens e minha auto-estima, portanto, era baixíssima.

A desconsideração era uma constante em minha vida. Hoje, reciclo essa grande descoberta que essa vivência me propiciou e preparo-me para a próxima "Em Busca da Parceria Interior".

Com tudo isso, posso dizer que Nazaré tem sido de grande ajuda no meu processo de autoconhecimento. A ajuda mais angelical que pude encontrar no meu caminho.

Maluxa

CARTA A NAZARÉ

Chegou o momento de compartilhar com vocês os frutos que colhi da minha experiência em Nazaré.

Não sei precisar que momento ensinou-me o que ou despertou-me para o quê. Acredito que foi o conjunto, a seqüência das atividades e a singeleza, a delicadeza, a riqueza dos detalhes. Sorte a minha, não é?

É com o coração aberto e cheio de amor que lhes agradeço e digo: "DEIXEI PARA TRÁS (ESPERO QUE TENHA TRANSMUTADO) TODA A MELANCOLIA E TRISTEZA QUE MINHA ALMA TRAZIA DESDE A INFÂNCIA."

Isso, para mim, tem um valor incalculável, quase impossível de explicar em palavras. Consegui aceitar-me e integrar a minha luz à minha sombra. Penso que não sairei mais desse estado de alegria e plenitude.

Tenho a certeza de que o privilégio de presenciar o depoimento de Sara Marriott sobre a alegria de viver contribuiu, sensivelmente, para a minha transformação, mobilizando energias até então cristalizadas. Exercitei a atenção e recebi essa bênção.

Espero que compreendam a extensão da conquista que vocês me proporcionaram e que não tenho como descrever. Gostaria que a sentissem comigo. Obrigada, obrigada, obrigada a tudo e a todos em Nazaré!

Mantenham a Paz que aí reina. Beijos.

Vera Lúcia

RENASCER

Nazaré ensinou-me uma lição básica, a de que é com os fatos da vida que vamos aprendendo o Caminho.

E graças a isso não morri. E, ainda mais, renasci.

Vim ao mundo com uma pequena deficiência física. Deficiências dificultam o processo de sermos aceitos. Assim, a minha de pequena foi se transformando numa grande, imensa dor.

Toda minha vida foi uma dolorosa ambivalência: tentar não ser eu mesma e tentar sê-lo. Sombra e Luz.

Somatizei angústias e mesmo quando o pequeno problema físico já fora superado, a autoflagelação continuava.

Passei por estúpidas rejeições. Uma delas iniciou em mim um processo de morte. Era como se minha alma se recusasse a continuar vivendo daquela maneira.

Foi então que a lição de Nazaré começou a me acordar.

Quando eu estava no caminho da cura, um novo holocausto. Três meses depois, segundo prognósticos médicos, eu poderia ter morrido. De dor. De medo.

Num feriado em que passei o dia todo em casa "vigiando e orando", recebi uma profusão de ajudas divinas: fui vendo toda minha vida em retrospecto.

Montei o quebra-cabeça com os fatos da minha vida: o karma, as oportunidades, os equívocos, a busca, a Graça.

Curei-me.

O relacionamento com a vida nos níveis da segurança, da sensação e do poder foi redimensionado. A necessidade do perdão, enfocada.

Renasci.
E, no Amor e na Luz, recebi a nova e eterna lição:
"É preciso, a cada dia, RENASCER."

Thaty

ASSIM, NUM ESTALO

Conheci Nazaré através da dor. Há muito procurava um lugar onde todos também estivessem nessa mesma busca, falassem a mesma língua.

E o Divino Amor mandou-me a dor. Com a dor vieram as várias passagens por consultórios médicos e os amigos. Entre esses últimos, Tânia, uma amiga de minha filha, que estivera em Nazaré e lembrara-se de mim.

Ela sentiu que deveria, urgentemente, comunicar-me que, no município vizinho à minha residência, estava o lugar que eu tanto procurava! Em quinze dias eu já estava no Centro.

Meu problema era a coluna. Eu não conseguia me manter em pé por causa das dores, deitada também não; sentada agüentava um pouco mais. Assim é que fui para Nazaré.

Eu fumava havia 31 anos, e ali não se fuma. Logo, não fumei. As refeições são vegetarianas, então não comi carne. Também não bebi café.

Por um fim de semana, fiquei sem fumar o meu maço de cada dia. Coisa inédita, não senti falta!

Quando me despedi de Nazaré, minha filha ofereceu-me um cigarro, mas eu não sentia a mínima vontade; então agradeci e disse que só iria fumar em casa.

Ao chegar em casa, também não fumei. Depois dos abraços e beijos e de contar como havia sido a vivência, ofereceram-me um cigarro e eu recusei.

Mais tarde, ao olhar para os maços inteiros que eu ainda tinha, foi como se não soubesse para que serviam e eles ficaram lá, fechados, por muitos meses, até que alguém os levou.

Nunca mais fumei nem senti desejo de fazê-lo. Não voltou sequer o hábito dos movimentos de acender ou apagar o cigarro. Não me incomoda o fumante que está ao meu lado, é como se eu nunca tivesse fumado!

Foi uma grande graça que recebi. E assim, num estalo, sem traumas nem sacrifícios.

Também nunca mais comi carne. Eu cozinho todos os dias. Toda minha família gosta de carne. Vez por outra, fazemos um churrasco. Eu tempero a carne, faço tudo como manda a receita, mas não como. Não que eu sinta nojo ou coisa parecida, eu simplesmente passo muito bem sem ela.

Meu marido achava que eu ia ficar doente, anêmica. Tenho ido ao médico uma vez por ano, só para conferir, pois já tenho 62 anos e deixei de comer carne há sete. Os médicos acham-me ótima, e então não há por que ter medo.

Com as modificações interiores, vieram todas essas modificações exteriores; e, com estas últimas, novas modificações interiores e a cura!

Por tudo isso e muito, muito mais é que volto a Nazaré. Ali, com as lindas pessoinhas que encontro, todas à procura do próprio caminho, com a alegria e a fraternidade, lágrimas e sorrisos, sinto-me em casa.

Parece-me que sintonizei a mesma onda que a todos envolve; dançando a mesma música, falando o mesmo idioma — o do coração. Completamente aberta às mensagens dos anjos celestes e humanos, aberta aos recados da Natureza, a Luz enche-me de alegria, e a energia circula.

Nunca conseguirei expressar toda minha gratidão a Nazaré.

Lurdes

OS BRAÇOS DE DEUS

Acredito que esta minha existência é mais uma oportunidade para eu burilar uma virtude, entre tantas, que Deus colocou em minha alma. Percebo que foi colocada em minha vida uma linguagem, a da limitação pela dor, para que eu pudesse comunicar-me com minha essência.

Essa linguagem não chegou num momento de primavera da minha vida. Eu estava vivendo um inverno frio e cinzento, mesclado com a desfolha do outono.

Ela chegou poderosa e violenta, qual um furacão programado para ceifar toda e qualquer resistência. Senti suas poderosas rajadas na impossibilidade de caminhar, na perda dos movimentos das mãos e, o espinho mais agudo, na piedade dos outros.

Na frieza do inverno, na falta de proteção com a queda das folhas, perdida em meio a um furacão, surgiu-me uma âncora a que me agarrei. O engraçado é que não me dei conta da natureza dessa âncora.

Aos poucos a tempestade serenou, o sol despertou risonho e quente, as árvores vestiram-se de roupa nova e enfeitaram-se de flores. E então percebi melhor a minha âncora: os braços de Deus.

Despertou em mim a consciência do Divino, da perfeição de suas leis e da grandeza de seu amor. Tudo se tornou tranqüilo, pacífico, quase leve.

Não sei que nome eu daria, se resignação ou aceitação — talvez os dois — não importa; o que sei é que vejo as situações sob uma ótica mais abrangente. Nasceu em mim a serenidade.

Essa nova situação modificou vários pontos em minha maneira de ser: não reclamo por ter perdido o ônibus, não me irrito com a demora na fila ou por esquecer algo que eu deveria ter lembrado; se o pneu furou, eu troco. É como uma alquimia: aprendi a aceitar, sem revolta, sem imposição.

Tenho consciência de que o aprendizado é árduo e o crescimento é eterno, mas também sei que a paciência e o amor de Deus são ilimitados. Essa certeza conforta-me e me dá forças para continuar me empenhando para trazer à superfície o tesouro que há em mim.

Essa consciência e essa certeza se instalaram em mim através de muitas fontes. E uma delas, com seu fluir incessante de bênçãos divinas, é Nazaré, que recebe aqui minha gratidão.

Arlete

NO JARDIM DA TECELAGEM

Ao chegar no Portal da Tecelagem, apreciei o jardim de margaridas, o círculo com o capim florido em volta, o mamoeiro com frutos maduros, um cenário lindo e exuberante.

Estabeleci um paralelo com a minha vida, nessa experiência de três meses em Nazaré. Muitos aspectos floresceram, como as margaridas. Colhi alguns frutos, como também os colhi da florada da minha essência.

Algumas flores que colhi: demonstrei minha alegria, minha amizade, meu amor, meu medo, minha insegurança, meu desejo de controle, meu zelo, minha desconfiança, minha coragem.

Alguns bons frutos que saboreei: o prazer de estar comigo mesma, minha disciplina no desafio de meditar, de encontrar meu "centro", de servir amorosamente, de não me culpar quando me vejo julgando e criticando em pensamento, mas transformar essa força e essa energia em algo mais produtivo, divertido e prazeroso para mim.

Há pouco saí de uma reunião reflexiva com Sara e outros companheiros. Foi um momento para falar e receber *feedbacks* sobre esse período aqui vivido. Sinto uma imensa gratidão pela graça e pela oportunidade com que minha alma me presenteou!

Obrigada, meu Deus, pelo amor e pelo aprendizado. Recebi muitos elogios carinhosos pelo meu florescimento, pela minha mudança/transformação, pelo meu comprometimento, pela amizade e pelo amor que consegui demonstrar. Obrigada, principalmente, pela cura do que impedia minha Alma de mostrar-se e de viver.

Obrigada, "anjos humanos", que me possibilitaram os movimentos para o desabrochar. Imensa gratidão aos Anjos, que me apóiam, protegem e iluminam quando solicito.

Agradeço à Luz da intuição, que, muitas vezes, na minha absurda surdez, na minha cegueira, eu não percebia. Agora, coloco em primeiro lugar o desenvolver amoroso e atencioso do ouvir, ouvir essa sábia voz interna, que vem do meu Eu Superior.

Sinto-me, neste instante, numa grande paz e num sagrado silêncio de Deus. Gratidão, gratidão e gratidão por Nazaré existir!

Confirmei que o milagre existe quando me entreguei, com responsabilidade, ao meu propósito maior. Estou confiante para enfrentar os desafios que eu e o Universo escolhemos.

Geisa

O MISTÉRIO DO EU SUPERIOR

Meditação matinal em Nazaré. Encontrava-me muito dispersa e tensa, com os pensamentos girando em torno de uma lancinante dor parietal, que se tornava crônica, principalmente, a uma comoção traumática.

Na noite anterior, eu havia lido *O Evangelho Segundo São João*, de Rudolf Steiner, e estava muito interessada pelo nascimento do Eu Superior no homem e na humanidade, através do fato histórico do "batismo pelo Espírito em Jesus Cristo".

Quando criança, eu podia percebê-lo atuando em mim, projetando minha aura para muito além do meu corpo físico. Sentia-me então plenamente feliz "agigantando-me". Era como se eu ficasse, de repente, muito "poderosa".

Na maturidade, por ocasião de um "desdobramento", contactei-o externamente como um Mestre de imensa sabedoria, o que me tornou mais atenta.

Ontem, já no climatério, permitindo-me uma abertura mais propícia num momento crucial de dor, invoquei sua ajuda, unindo-me mentalmente a Ele. Solicitei que a dor se acalmasse, para que eu pudesse meditar na paz do Cristo.

Imediatamente as pulsações lancinantes na cabeça acalmaram-se e uma sensação de calor estendeu-se por todo o meu corpo; no centro do peito, o ritmo cardíaco espalhou uma indescritível e doce onda curadora por todo o meu ser.

Imensamente grata pelo alívio, compreendi o percurso e o lento progresso do meu eu pessoal que, agora, me deixava um pouco mais próxima do mistério do "Batismo de Cristo", nova vida do Espírito em mim.

Neste estágio em que minha personalidade floresce, sinto o Eu Superior como uma entidade que também está dentro de mim e que se amplia cada vez mais.

Percebo que esse intercâmbio com os novos padrões de consciência é mais exteriorizado, mas que se interiorizará, integrará as duas dimensões e tomará posse do meu ser, num equilíbrio transmutador.

Carminha

A DEUSA ESCURA

A **Deusa Escura** foi a vivência programada para o fim de semana. Eu havia ido a Nazaré sem um propósito específico, a não ser o de conhecer o Centro de Luz. Era a minha primeira vez e aquele título, "A Deusa Escura", despertara-me muita curiosidade. Cheguei aberto para tudo.

A VIVÊNCIA

Reunidos com Mônica, fomos motivados a buscar, intuitivamente, um propósito para a jornada interior que faríamos a seguir. Talvez por ter consciência da minha introspecção dos últimos anos, meu propósito surgiu naturalmente: "Quero dispensar mais atenção ao Outro." De fato, ultimamente tenho me ocupado de mim mesmo e pouco sei dos que me rodeiam.

Deitados sob cobertores, de olhos fechados, fomos convidados a iniciar a jornada, entrando simbolicamente numa caverna.

Deixei a luz do sol para trás e penetrei nas trevas. Comecei a descer uma escadaria cujo fim não se divisava. Percorri por algum tempo essa trilha, até encontrar o primeiro portal. Surgiu diante de mim uma figura forte e amedrontadora, que impedia a passagem, o Guardião. Para ultrapassá-lo era preciso declarar, com toda convicção, o meu propósito. Foi o que fiz, de modo enérgico: "Quero dispensar mais atenção ao Outro." Foi necessário, no entanto, repeti-lo com mais convicção. E assim foi feito.

Permitida a passagem, segui em frente e encontrei outros portais ao longo do caminho. O percurso era longo e penoso e, a cada portal ultrapassado, exigiam que eu deixasse ali algo de mim. Assim, gradativamente, fui me despojando de toda minha ira, minha vaidade, meu desejo, meu pensamento, meu afeto, até chegar ao sétimo e último portal.

Nele, com o ego enfraquecido, encontrei-me diante da Deusa Escura, uma figura majestosa, vestida de preto. De capa longa e com um capuz que deixava transparecer apenas parte do seu rosto, ela inspirava medo e respeito. Era preciso fitá-la nos olhos para ultrapassar o portal. E foi então que percebi que minha consciência ainda estava presente: eu era como que o espectador daquela cena, assistindo, de longe, a mim mesmo postado diante da Deusa Escura.

Como eu tinha que prosseguir, fiz um esforço e superei a situação passiva em que me encontrava para a de protagonista daquele momento. Assim, fiquei muito próximo dela e pude ver seus olhos, e apenas seus olhos, que eram negros, nem bons nem maus, mas firmes, severos, parecendo me cobrar uma postura.

Tive que reunir minhas forças para encará-los. Tudo transcorreu num átimo, mas de forma intensa e muito significativa. Daí em diante não me recordo de mais nada, apenas da impressão de ter retornado ao ponto de partida, através dos mesmos portais.

Só despertei dessa jornada já à luz do sol, chamado pelo tilintar de um sininho que Mônica agitava. Ela convidou-nos a levantar e a caminhar pela sala. Até então, eu estava com a impressão de ter realizado aquela atividade de forma muito consciente.

Mônica sugeriu: "Olhe estas pessoas! Quem são estas pessoas que andam por aí, pelo mundo, junto com você? Veja bem, olhe nos olhos!" Eu, que prestava atenção tão-somente no lugar onde estava pisando, levantei o olhar e comecei a encontrar os olhares de cada um de meus companheiros de caminhada. Uma emoção muito forte, indescritível, apossou-se de mim e chorei.

Compreendi que finalmente eu encontrava o outro e, em seus olhos, eu via a mim mesmo! Foi uma sensação de comunhão, um sentimento muito intenso de amor pela Vida e pela Humanidade.

Cláudio

A BUSCA

Acredito que o surgimento de Nazaré em minha vida ocorreu no momento mais adequado possível. Eu estava passando por um duro aprendizado. Minha vida quase não se enquadrava nos padrões e valores socialmente estabelecidos. Hoje sei que é porque eles não correspondiam aos meus anseios íntimos de felicidade.

E foi nesse momento, em que eu procurava uma estrada ou uma grande fuga, que o mapa de Nazaré caiu em minhas mãos. Eu já sabia da existência do Centro há alguns anos, porém, só naquele momento consegui perceber, através da dor, que o desconhecido seria a grande chave para a mudança.

Sem saber por que, enchi-me de um espírito de aventura que raramente tenho e peguei a estrada rumo ao que não conhecia. Era como se estivesse fazendo a viagem mais importante da minha vida. Quanto mais avançava pela estrada, mais deixava para trás pensamentos que já não tinham razão de ser. Imaginava Nazaré apenas como um lugar diferente, não imaginava já estar interiormente lá.

A paisagem que se descortinava e a rica simplicidade da cidade de Nazaré começaram a me deixar mais próxima do "básico". Durante a viagem, tive minha mente povoada por *insights* e, por incrível que possa parecer, sentia que o mais simples é a resposta para o complexo.

Vivi um deslumbramento difícil de expressar. Naqueles dias, a vida parecia não precisar de nenhum artifício: era plena por ser simples.

Observando o Centro, comecei a sentir e a entender o significado da palavra Harmonia. Cada coisa em seu lugar... e, por isso, tudo funcionando muito facilmente. Comecei a compreender melhor o sentido da minha própria vontade de me organizar. Interiormente, eu já ansiava por esta harmonia. Era como se uma parte de mim nela se sentisse refletida.

Houve uma enorme identificação e a sensação de estar voltando para casa. Uma casa que eu nunca imaginei que pudesse existir e que, no entanto, eu procurava. Tudo fazia com que eu me sentisse estranhamente mais viva, percebendo uma verdade que precisava ser vivida.

Quando fui à biblioteca, havia um livro encapado em cima da mesa. Abri o livro sem ver o título e deparei com uma frase que me chamou a atenção. Falava sobre um caminho de crescimento da alma, que se parecia muito com o que eu já estava vivendo, antes mesmo de chegar a Nazaré. Anotei a frase em meus apontamentos.

Assim, Nazaré surgiu na minha vida como um Anjo, que veio apoiar o milagre do crescimento interior. Curiosamente, o livro que abri na biblioteca chamava-se *Uma Jornada Interior*,* de Sara Marriott. E só no decorrer dos dias é que vim a saber de Sara e de sua grande Luz, na clareira que é esse Centro.

Poderia ter aberto qualquer outro livro, mas acho que tive o privilégio de a sincronicidade acontecer na minha vida. A partir daí, senti ter encontrado algo que nunca mais iria perder. Ter a felicidade do contato com Nazaré é ter a missão de propagar sua Luz nas menores atitudes.

Quando propostas tão ricas e simples são vividas em grupo, nutrir e ser nutrido flui naturalmente. Não existem faltas, nem excessos. Tudo se encaixa quando seguimos o único grande mestre que é a nossa alma.

---

* Publicado pela Editora Pensamento, São Paulo, 1984.

É assim que vejo o Centro, como uma casa que é minha e de todos que buscam o mistério da transformação interior. Cada período que passo nesse abençoado lugar traz-me inúmeras reflexões e *insights*. E, então, o carinho que sinto por Nazaré é o mesmo carinho que sinto por toda a humanidade.

A vida é mágica quando acreditamos naquilo que ainda não conhecemos e quando vivemos cada dia como uma dádiva.

Isabel Cristina

MODIFICAÇÕES NAS FÉRIAS

Conheci Nazaré em setembro de 1991. Estava de férias por um mês e reservara a segunda semana para ir ao Centro. Gostei tanto que cancelei as duas semanas de férias programadas no Espírito Santo e fiquei lá.

Estava me restabelecendo de um processo de artrite reumatóide e, ao ter o primeiro contato com esse Centro de Luz, descobri que ali era o meu lugar: paraíso na Terra, paz no coração. Comecei minha cura espiritual e física.

Morara três anos, dos 25 aos 28 anos, numa comunidade religiosa, para tornar-me uma leiga consagrada a Deus. Nesse período, adquiri muitas dores espirituais e feridas que ainda não haviam se cicatrizado.

O contato com Nazaré foi o bálsamo que curou minha alma, pois ali tudo é amor, energia angélica, paz. Não existe uma linha religiosa doutrinando, só a Luz Divina guiando interiormente a todos.

Tenho voltado algumas vezes ao Centro todos os anos. Cada vez, saio mais inteira, restabelecida, reenergizada. É um oásis dentro da minha vida, ainda bastante agitada. Curei-me de muitas feridas emocionais e físicas. Fiz muita terapia naturalmente!

Hoje me conheço melhor, pois encontro-me cada vez mais com minha essência.

As vivências em Nazaré despertaram em mim muitas percepções. Uma delas foi a da Abundância. Algumas vezes, deixava no

Centro uma quantia de que não dispunha e quando chegava a Florianópolis sempre recebia algum dinheiro que não estava esperando. Era sempre a quantia necessária!

Outra bênção: a ausência de fanatismo e de idolatria. Na comunidade da qual eu participara por três anos, havia uma "guru" que era idolatrada. Outra coisa a destacar é a presença de Sara Marriott em Nazaré. De vida simples e muita Luz, ela ajuda a todos com a sua irradiação de Amor, mas não é cultuada.

Com ela, tomei muitas decisões que mudaram minha vida. Sara fala pouco, mas o que diz toca a nossa alma.

Muitas datas significativas, como meu aniversário, o Natal, o Ano Novo, a Páscoa, eu tenho passado nesse Centro de Luz e sempre agradeço por isso; pela oportunidade de unificar corpo e alma.

Entendi muito do meu processo de artrite reumatóide e posso dizer que hoje ele regrediu quase que totalmente. Sinto-me uma nova pessoa, e quem convive comigo percebe as mudanças.

Sou grata aos Anjos de Nazaré, a Sara, a todo o Centro, e sempre convido amigos para conhecê-lo. Todos que vão, voltam transformados, felizes.

Faça também você a sua experiência em Nazaré. Paz e Amor!

Dalal

COMO O PENSAMENTO NO LUGAR

O silêncio não é calado. Estar em silêncio é muito mais do que não falar. Por estranho que possa parecer, o silêncio soa.

Ouço os pássaros, o avião, as folhas, os animais, as pessoas e sinto o silêncio.

Estar em silêncio é estar presente, atento, ativo. É respeitar, é não julgar, é comungar. É aceitar o que quer que aconteça com compaixão e com reverência.

Não é um gesto ou sua ausência. Não é um ato, não é um esforço. O silêncio é um atitude: soltar-se, render-se, entregar.

É muito mais "um jeito de ser" do que um modo de se comportar. Não tem nada a ver com o fazer, o vir-a-ser, o tornar-se. O silêncio é simplesmente... estar! Bem-estar.

É estar à vontade: solto, leve, livre. É estar centrado, tranqüilo, sereno. É estar inteiro, completo e... alegre!

O silêncio não tem nada a ver com a tristeza, com o pesado, com o difícil. Ele é fácil, natural, espontâneo.

Não tem absolutamente nada a ver com os "não posso" ou os "não devo". Não tem nada de restrição. Ele vem da permissão, ou nela nos encontra.

Silêncio tem a ver com a essência e com o essencial.

Tem a ver com a saúde, com o prazer. É generoso, sensível, autêntico. É puro, coerente, eficaz. Provê e liberta, conecta e **cura.**

Tem a ver com desapego, com adaptação. Com inocência, entusiasmo e paixão. Com comprometimento.

O silêncio é inteligente, racional, amoroso, cooperativo. É sábio, impecável, transparente. Maduro e realista, positivo e sensato. Otimista, inofensivo, solidário e... poético!

O silêncio é simples..., **paz..., ciência...**

Cadu

A semente da poesia existe em cada um de nós.
Em alguns, ela explode em maravilhas.
Temos então os grandes artistas e poetas,
que sintetizam a linguagem universal,
o "sentimento do mundo".
Em nós outros, ela canta (e às vezes encanta...)
quando entramos em contato
com nosso Centro Divino e amorosamente
nos dispomos a partilhá-la.

POESIA

VIAGENS POR NAZARÉ

Despertar

Nenhum destes amanheceres
há de voltar
pois cada amanhecer
é o mesmo amanhecer.

Anjo

Quantas vezes
desandada
te deitavas de costas
no vazio?

Às vezes
(só às vezes)
o anjo vinha
para apagar-te o contorno.
Então, sim, amparada,
descansavas.

Imponderável

Um, dois, três, quatro,
cinco, seis, sete, oito,
nove, dez.

Depois da décima onda,
pular para a outra margem.
Não tem erro.

A não ser quê.
A não ser.

Música

Na laranjeira
uma única esfera dourada
a salvo de nossas mãos
curva o galho mais alto.

Alguém canta como um anjo.

Sentamos na grama.
O som que nos transpassa
transforma as árvores
a olhos vistos.

Aqui

Barriendo la hojarasca
el corazón me dava un vuelco:
el viento trae
olor a pan
y la voz de Juan.

Pássaro

Tanto tempo de trabalhos
para decidir que eu era eu.

E agora?
Tudo o que quero
é transparecer.

Sonho na casa de hóspedes

Era largo o rio de águas escuras.
Escuras, não, turvas,
sem começo ou fim.

Cheiro de fungos e musgos.

Há tempos a luz do sol não fendia a floresta.

O barqueiro sem rosto nos fez entrar no barco
pelo lado direito.
Éramos três. O homem com a mão no meu ombro
e a criança em meu colo.
Íamos, graves.
Éramos três e um e ainda não havia nomes.
Só um banco tosco de madeira no barco
que era, na verdade,
uma gaiola que flutuava
seguindo a correnteza.
Nem tristes nem alegres,
pois que o destino é, justamente, destino,
uma clave impelia a travessia:
era preciso respirar sem ruído e sempre
em sutil sintonia com o vento
e o rio.

Noites brancas na casa de hóspedes

Os sonhos
que não me deixei sonhar
examinam a casa,
avalistas.

De volta à cidade

Silêncio.
Tento ouvir a voz de Deus.
Lá longe, crianças brincam.
Deus não ouve minha voz?
Ouço o Jornal Nacional.

Graciela

EXPERIÊNCIA DE UNIDADE

Pensamientos, como nubes,
    flotan en mi Ser Cielo...
Emociones, como olas,
    emergen en mi Ser Oceano...
Vibraciones, como latidos,
    crecen em mi Ser Tierra...
Recuerdos, como Vida,
    son en mi Ser Luz Eterna.

Gabriela
Nazaré, 96.

Pensamentos, como nuvens,
    flutuam no meu Ser Céu...
Emoções, como ondas,
    emergem no meu Ser Oceano...
Vibrações, como batidas,
    crescem no meu Ser Terra...
Lembranças, como Vida
    são no meu Ser Luz Eterna.

Tradução: **Lídia**

ODE A NAZARÉ

Natura-Mãe em todo seu resplendor,
Abrindo os braços para todos os seus filhos.
Zenith de luzes angelicais,
Abençoando a tudo com Amor:
Reflexos do Poder Divino.
Éden habitado por Anjos Celestiais.

Maria Helena

PARTILHA NO II SEMINÁRIO EM NAZARÉ

"O VALOR DE SER UM GRUPO"

Leve e luminoso

Eu preciso aprender a olhar
O mundo, a vida, as coisas
Olhar com novos olhos
Ovo, semente, potencial
Carinho, ninho, possibilidades
Cálice, vinho... e muita dança... andança
Elo sem paralelo
Ando, atento, momento
Nuvens ao vento
Novas mandalas a cada instante
Nada distante
Tudo agora, todo aqui
Dentro e fora
De mim
Bela-aventurança.

Cadu

EM NAZARÉ

Resgate

Nazaré me atrai
Não sei o que precisamente
Mas o que me impulsiona
É esta busca interior
De algo que ficou para trás
E que se acha escondido
Então procuro resgatar
Aquilo que existia
E que existe em mim.

Descoberta

Descubro o divino em mim
Posso transparecê-lo a todos
Deixo-me expandir totalmente nele
Unindo-me a sua essência.

Criação

Que é o tempo?
Para onde vai?
O tempo tem espaço?
Ah! Eu só quero criar
Criar...
Criar é luz!
E a luz transpõe
O espaço, o tempo
Prefiro ser luz
Sem tempo
Sem espaço.

Maria Renò

NA LUZ DE NAZARÉ

Essência

Poema
 Flor
 Amor

E Deus
Nosso Senhor!

Elementos

Pão e canção
Irmão e perdão
Reverência e gratidão.

Ascensão

Na Luz de Nazaré
Despertar
Curar

Na Luz de Nazaré
 Renascer
 Viver

Na Luz de Nazaré
Amar
Relacionar

Na Luz de Nazaré
Ver
Ser

Na Luz de Nazaré
PACIFICAR.

Simplicidade

Dou-me permissão para estar sã
Dou-me permissão para estar em paz
Que a energia possa fluir
E o amor do Pai me conduzir.

Zelita

NAZARÉ

Eu sou

Sou vento com único destino
na terra do deus-menino.
Sou chuva que cai aos pingos
nas folhas que se lançam e dançam.
Sou as mãos que agarram o círculo da vida
no ritmo da acolhida se faz a liturgia.
Aos poucos entendo o convívio deste Centro:
é amplo e infinito o seu amor.
O portão verde abre-se para todos os filhos
do vento, da terra, da água e do fogo.
Nas asas serenas de Nazaré somos um
sem fronteiras, sem muros e sem dor.

Tarefas

Limpar o chão: raízes do equilíbrio.
Fazer o pão: viver em união.
Limpar os vidros: ver-se claramente.
Reciclar o lixo: transmutar aspectos negativos.
Encerar o chão: amor e gratidão.
Cozinhar: aceitação e doação.
Limpar banheiros: viver o aqui e o agora, o resto é história.
Cuidar da horta: em busca do divino que há em nós.
Nazaré: degraus rumo à Consciência Superior.

União

Nos buracos da vida
Nas quedas contínuas
Abria os olhos e nada via.
Muros de concreto, asfalto, multidão
Medo, escuro, abismo da desunião.
E de um anjo, o convite:
"Abra a mente e o coração
Ao transpor o portão verde da vida.
Encontrarás mãos que se estendem, pássaros e flores."
Aqui é o paraíso?
Música, cores, amores
É real.
Abri os olhos e tudo vi.
Multidão, coragem, luz da união.
Levo dentro de mim um coração.
Nazaré, profunda gratidão.

Amor

Do mergulhar no abismo
Plena é a escuridão
Fechado em círculos
Dor em profusão
A esperança, sei, permanece intacta
É incessante o seu respirar
No caminho de terra batida
Encontrei luz, alegria de viver
Cheiro de relva, asas de anjo
Seu nome, um verbo universal
Traduz união incondicional.

Renato

POEMAS DE SARA MARRIOTT

Nazaré

Strong is the heart of Nazaré
It's vision and purpose clear
Protected by people and angel's Love
There's a hidden splendor here
    In this Center clear and bright
    Inspiring a all who come
    With loving service freely given
    They find their soul's true home.

Nazaré

Forte é o coração de Nazaré
Claros a sua visão e propósito
Protegido pelo Amor das pessoas e dos anjos
Há neste Centro um esplendor oculto
    Que com clareza e luminosidade
    Inspira a todos que chegam
    Através do serviço amoroso livremente oferecido
    Cada um encontra o verdadeiro lar de sua alma.

Tradução: **José Antônio**

To Terry

With the glorious spirit of Nazaré
Always loyal, eager and bright,
Your bark was like a happy smile
Brown eyes flashed joy and light.

Whith faith and loyalty supreme
In the santuary's light
You set an example for us all
Each morning, noon and night.

You guarded well this special place
With courage and your love.
You greeted everyone who came
Guided surely from above.

Each early morning on our walk
You were eager, never failing.
It seemed that you could almost talk.
Pressing on when healt was ailing.

You gave us a precious son
To guide on mountain trails.
He has many of your traits
Yet his unique way prevails.

You appeared at the birth of Nazaré
Through all the years, our friend.
We honor you deep in our hearts
Now you have freedom at the end.

Where you came from is unknown
The angels brought you here

And now they've taken you again.
Your spirit will be always near.

Para Terry

Com o glorioso espírito de Nazaré
Sempre leal, vivo e radiante
Seu ladrar como que a sorrir
Castanhos olhos a irradiar luz e alegria.

Com fé e lealdade absoluta
Na luz do santuário
Você foi um exemplo para todos
Nas manhãs, tardes e noites.

Guardou bem este lugar especial
Com coragem e amor.
Saudou a todos que chegaram
Certamente guiados pelo Alto.

A cada manhã em nossa caminhada
Esteve firme e não se entregou.
E como se pudesse então falar
Persistia, ainda que doente.

Você nos deu um precioso filho
Para guiar-nos nas trilhas montanhosas.
Ele tem muito dos seus pendores
Embora prevaleça sua individualidade.

Você surgiu com o nascer de Nazaré
E, pelos anos, tem sido nosso amigo.
Profunda estima nós lhe devotamos

Agora, finalmente, você está livre.
De onde você veio, nós não sabemos
Você nos veio pelas mãos dos anjos
E agora eles o levaram novamente,
Mas seu espírito sempre estará presente.

Tradução: **José Antônio**

Our greater reality

In the quiet, may we know
The radiant beauty of our soul
Who brought us here to Nazaré
And guides our lives by night and day.

Although the challenge may be great
We will venture and create
A school of study deep and true
For the Spirit of Life to be shining through.

And island of the future grows
Linked with all whose spirit flows
With love and joy and inspiration
Wisdom's light and consecration.

Nestled in the fruit of vision
Is the seed of our decision
A higher cycle now appears
Opening to the next seven years.

Nossa realidade maior

Na quietude é possível saber
De nossas almas a radiante beleza
Que nos trouxe até Nazaré
Que nos guia na noite e no dia.

Mesmo que grande seja o desafio
Arriscaremos, edificaremos
Uma escola em que profunda e verdadeiramente
Brilhe o Espírito da Vida.

Cresce uma ilha do futuro
Unida às almas em que fluem
Amor, alegria e inspiração
A luz da sabedoria e da consagração.

Guardada no fruto da visão
A semente da nossa decisão
E um ciclo mais amplo se inicia
Aberto ao próximo setênio.

Tradução: **José Antônio**

CONCLUSÃO: FINAL FELIZ

O mito do final feliz transforma-se, neste livro, em graciosa realidade.

O próprio processo de sua criação já cumpriu uma missão: a de "almar" (a palavra inventada pelo poeta é linda, não é?) os que dele participaram.

A maioria dos que colaboravam agradecia a oportunidade de fazê-lo! E ia além: compartilhava alegrias vividas durante esse serviço.

Às vezes, a bênção extrapolava os limites do livro: Suzete colocou, no envelope em que enviou sua partilha, um voto de paz ao carteiro...

Sou imensamente grata a todos. E não só às pessoas. Do pequenino grão de terra (que muitas vezes me fez voltar ao caminho da atenção), até os Seres de Luz que guiaram, inspiraram e protegeram este trabalho.

Todos eles me propiciaram, ainda, a felicidade de compartilhar e louvar; rir, chorar e reverenciar.

Não posso, entretanto, deixar de registrar alguns agradecimentos especiais.

A Sara Marriott, a Sônia Café, a Geisa e Renò, pelo apoio amoroso... e prático.

A todos que, com afeto e coragem, partilharam seus tesouros.

E a você, que com sua leitura sensível, completa esta obra, recomeçando-a.

GRAÇAS